百年名校
游览笔记

凯风自南
厦门大学游览笔记

王玫 胡萍 编著

长江出版传媒　湖北美术出版社

图书在版编目 (CIP) 数据

凯风自南·厦门大学游览笔记 / 王玫，胡萍编著. —— 武汉：湖北美术出版社，2016.5
（百年名校游览笔记）
ISBN 978-7-5394-8442-6
Ⅰ．①凯… Ⅱ．①王… ②胡… Ⅲ．①厦门大学－概况 Ⅳ．
① G649.285.73
中国版本图书馆 CIP 数据核字（2016）第 073138 号

出版发行：长江出版传媒　湖北美术出版社
地　　址：武汉市雄楚大街 268 号
电　　话：027-87679520　87679525　87679529
传　　真：027-87679529
邮　　编：430070
印　　刷：武汉精一佳印刷有限公司
开　　本：720mm×1000mm　1/16
印　　张：8.75
版　　次：2016 年 7 月第 1 版　2016 年 7 月第 1 次印刷
定　　价：38.00 元

版权所有·翻印必究
如有质量问题，由承印厂负责调换。

目录

导　言
厦门大学的前世与今生

海之北·西校门

019 | 书籍与鲲鹏
020　钟林美广场
021　明培体育馆
022　下弦场

023 | 群贤毕至
024　陈嘉庚铜像
027　群贤楼群
032　校史展览馆
034　鲁迅纪念馆
039　敬贤亭

041 | 旧梦寻踪
042　萨本栋伉俪墓
046　鲁迅塑像
048　罗扬才纪念碑
050　人类博物馆

054 | 临风凭海
056　建南楼群
058　建南大会堂
060　上弦场
062　李光前塑像
066　城垣遗址
067　厦大钟声

069 | 饮食人生
070　"三家村"今昔
071　消失的"东边社"

- 074　芙蓉楼群
- 076　石井女生宿舍
- 078　芙蓉餐厅
- 080　壁画隧道

山之南·大南校门

085 | 暮鼓晨钟
- 086　"佛刹连黉舍"
- 088　"厦大一条街"往事
- 091　"馒头"与"豪华自助餐"

093 | 书生本色
- 094　图书馆
- 096　林语堂纪念室
- 100　文庆亭
- 104　王亚南雕像

108 | 芙蓉映水
- 109　芙蓉湖
- 111　林荫道
- 112　科学艺术中心
- 113　嘉庚楼群

115 | 风景拾遗
- 116　大南小别墅群
- 118　最后的"丰庭"

代　跋
从凤凰花开的路口到情人谷

后　记
参考书目

导言

厦门大学的前世与今生

厦门大学位于厦门岛的东部，在五老峰南边，东海北面。其西北角与南普陀寺相邻；其东南向，面朝胡里山炮台。海的前方，南太武山峰巅与厦大群贤主楼的屋顶遥遥相望。东海万顷波涛横亘其前，沿岸数十里天光海色，宛如一幅画卷，四季晨昏，变换着无数风景。

▼ 厦门大学鸟瞰

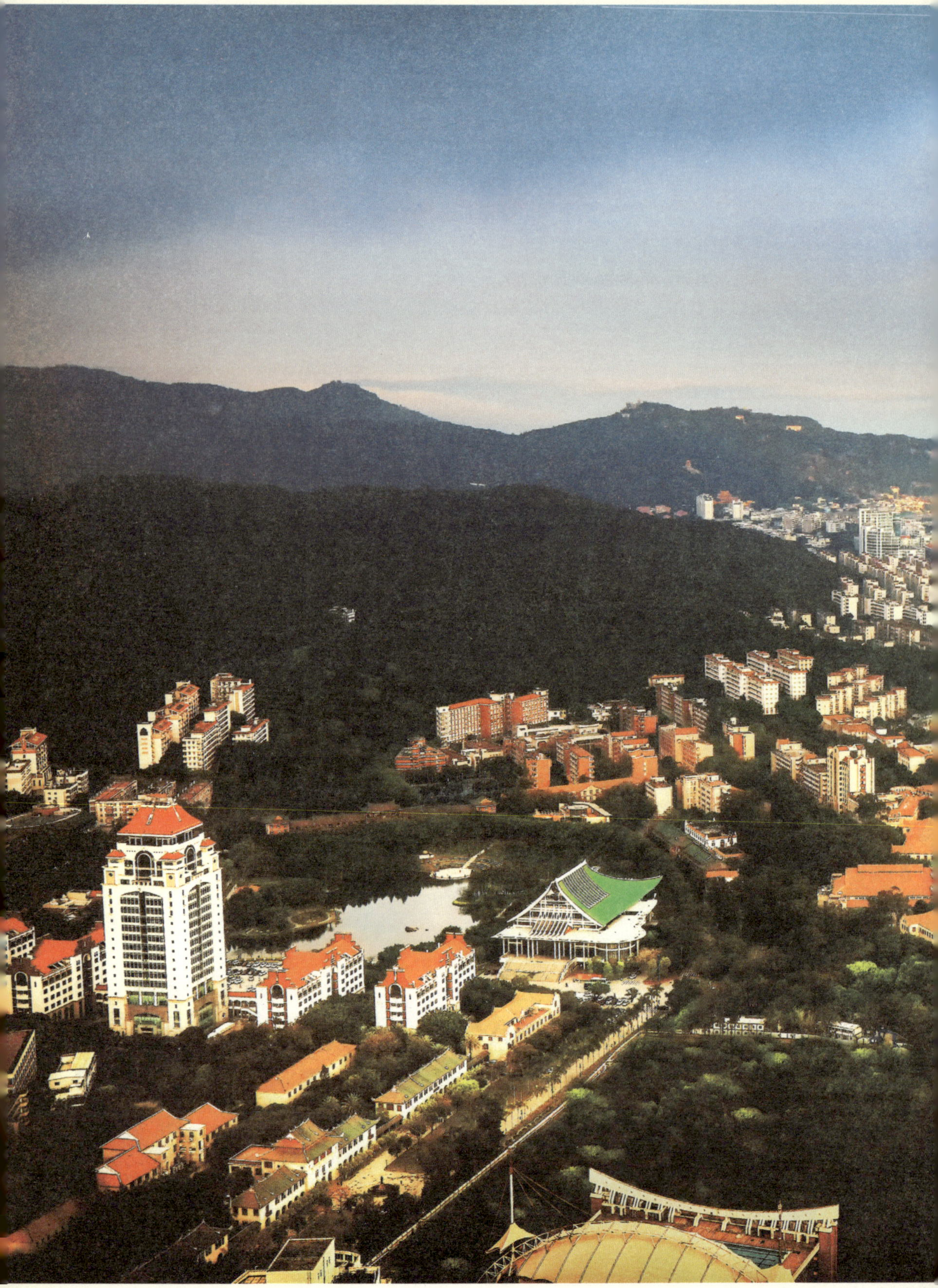

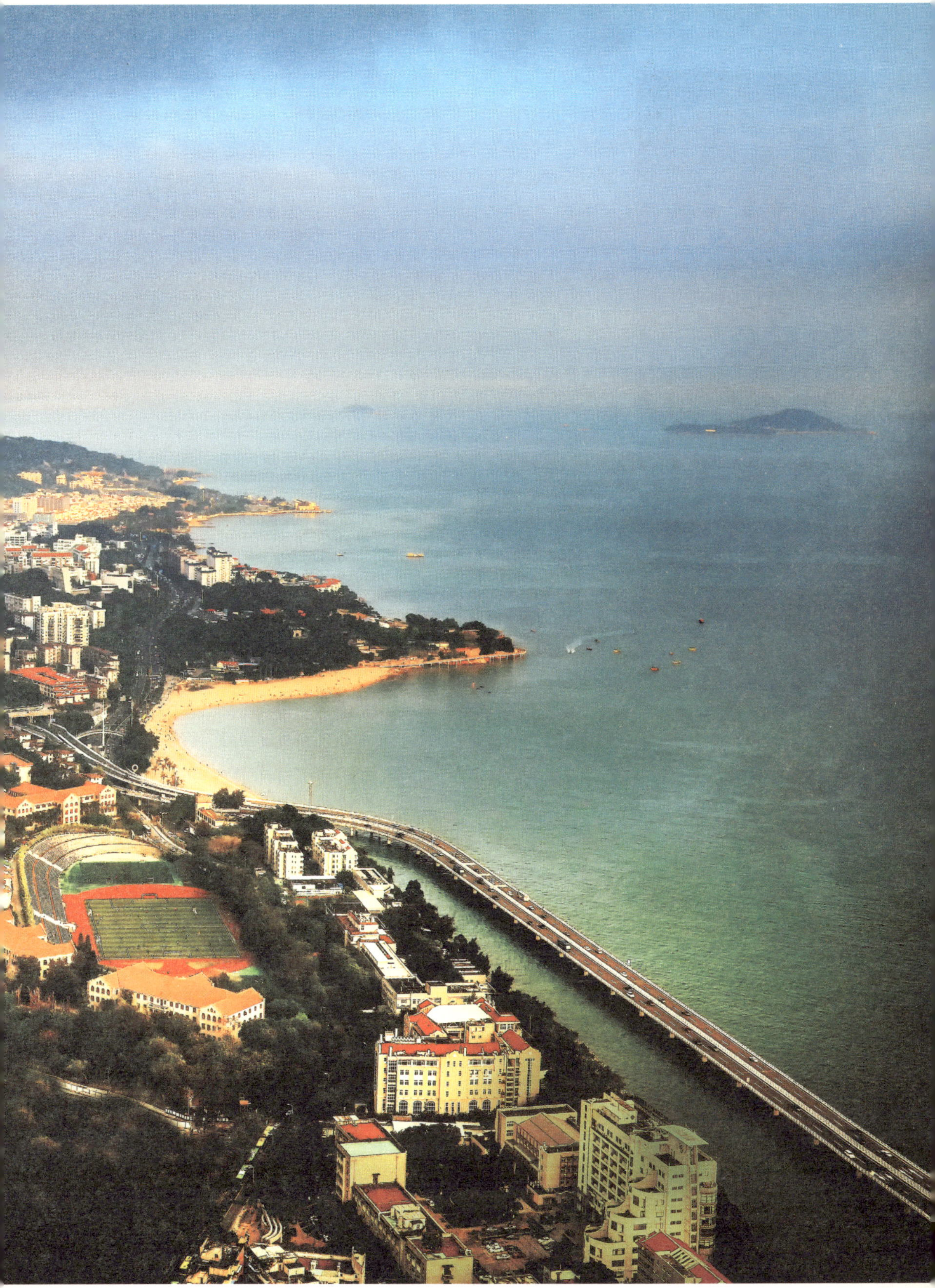

▲ 五老峰

▲ 南普陀

明代之前，五老峰与东海之间的这块土地，曾经遍布着荒岗乱石，人迹罕至。直至明清之际，郑成功在这里设演武场，开始作为练武之地。康熙十九年（1680），清军占领厦门，郑成功之子郑经焚毁演武亭，退守台湾，此处便为清军所得。康熙二十二年（1683），当时水师提督施琅从此地出发，东征台湾。乾隆四十二年（1777），清政府在此建水操亭训练水师。鸦片战争之后，这一带为清政府军事重地。19世纪末，闽南小刀会起义，演武场为其主要驻地。光绪三十四年（1908），美军舰队进入厦门港，演武场一扫肃杀之气，变成中美国际交谊大会的会场。此后这里一度又被清政府辟为跑马场，或高尔夫球场，但不久废置。

演武场几经更换，总逃不出或为武场，或为战场，或为跑马场，或为球场的宿命。及至近一个世纪前，一个人将目光投向这里，决意在此处营造黉门学府，从而彻底改变这片土地的命运，这里的蛮荒景象逐渐湮灭，弦歌之声自山海间响起，至今不辍。

决心在此建大学的人，就是厦大校主陈嘉庚先生。其实，在创办厦门大学之前，陈嘉庚就已在其故乡——厦门集美，捐资兴学，先后开办集美小学、集美女子学校、集美师范学校、集美中学、集美幼稚园、集美水产科、商科、农林部、国专部以及集美女子师范、集美幼稚师范等学府，形成一个庞大的集美学村。接下来，陈嘉庚开始规划在厦门创办大学。

1919年7月，陈嘉庚在《东方杂志》向社会发出《筹办厦门大学附设高等师范学校通告》，并订于7月13日下午三点，在浮屿陈氏宗祠开会。在这次会议上，陈嘉庚深情表襮创办厦大的心愿，亦希望海内外同胞为办厦大捐资出力。陈嘉庚当场宣布他总捐资400万元，先认捐100万元为厦大筹办费用，另有经费300万元分十二年付完。紧接着，陈嘉庚一面呈文请政府划拨厦大用地，一面聘文化界、教育界及社会名流，组成厦大筹备委员会，并准备在上海召开筹备会。陈嘉庚聘请的厦大筹委会委员来头都不小，有时任北京大学校长的蔡元培、江苏教育协会会长、著名教育家黄炎培，孙中山的得力助手汪精卫，南京高等师范学校校长郭秉文，全国青年总干事余日章，私立上海复旦大学校长李登辉，私立上海大同大学校长胡敦复，北洋政府教育部参事邓萃英。另有集美学校校长叶渊，福建思明县教育局局长黄琬。

1920年10月，厦大筹委会第一次会议在上海举行。这次会议结果是成立厦门大学董事会，确定厦大的行政机构和教学机构，组成以校长为主席的全校评议会、教务会和事务会，并决定设立八个专业性的工作委员会。会议推举当时刚从美国留学回来在北洋政府供事的邓萃英博士，为厦门大学首任校长。

1921年4月6日，陈嘉庚在集美中学举行厦门大学开校仪式，与会者3000多人。上午10点30分，群体合唱厦大校歌。厦门大学就此在名义上成立，并开始有自己的校训："自强不息"。这一天也就定为厦门大学校庆纪念日。

在厦门办大学，校址选择亦事关重大。陈嘉庚以为厦门岛尤以演武场附近山麓最佳。虽然陈嘉庚当时所看到的演武场仍是一片荒凉，其周边公私坟墓密如鱼鳞，寓目无非顽石荒滩，但他预见这里可塑性极强。从自然环境看，此处背山面海，坐北向南，风景秀美，面积广大。从人文环境观之，厦门居闽南之地，与南洋关系密切，南洋侨胞子弟多往返其间。将来学生增多，大学地址必须广大，此地有二千亩方圆，尚有回旋余地。经过一番努力，陈嘉庚终于获得演武场的批照。

其时演武场校舍尚未建成，厦大借用集美学校即温楼先行开学。在开校仪式后月余，陈嘉庚特意选择5月9日"国耻纪念日"，举行厦大群贤楼奠基仪式。陈嘉庚将一块四方形的奠基石嵌进大楼墙基，同时也种下希望。从此，昔日的荒途险滩上，五栋大楼兀然拔地而起，按鲁迅的话说，就是"硬将一排洋房，摆在荒岛的海边"。

在选择校址之前，物色厦大校长等工作也在紧锣密鼓地进行。陈嘉庚原本请汪精卫出任厦大校长，汪精卫也应允了，只等厦大正式成立，即可走马上任。可是时局变化出人所料，1921年，孙中山在广州就任临时大总统，开始第二次护法运动，汪精卫欲全力从政而请辞厦大校长职务。因此，出现在厦大开校仪式上的首任校长，则是邓萃英博士。然而，邓萃英在接受陈嘉庚校长聘书的同时，也接受了教育部委任的北京高等师范学校代理校长一职。1921年5月，邓萃英终因不愿放弃北洋政府教育部的职位，也因与陈嘉庚意见不合而辞职。

1921年6月，陈嘉庚的挚友，也是孙中山的密友——

▲ 校主陈嘉庚

▲ 一主四从的群贤楼群旧影，这就是鲁迅说的"一排洋房"。

▲ 群贤楼奠基石

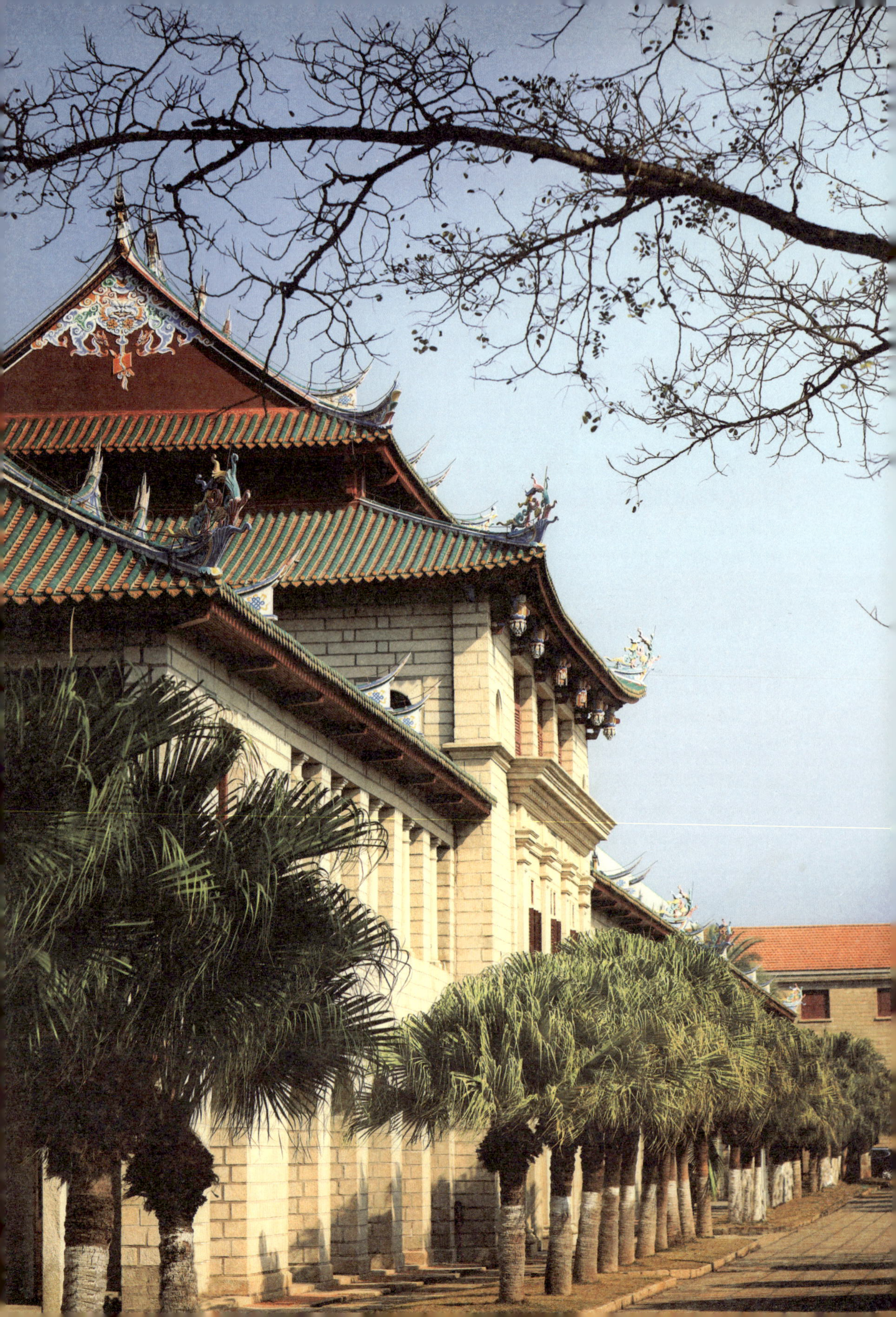

新加坡华侨林文庆，应陈嘉庚之邀出任厦大校长。1921年7月4日，林文庆正式到校视事，当晚即开展工作，宣称要把厦大"办成一生的非死的，真的非伪的，实的非虚的大学"。他又依据《大学》"大学之道，在明明德，在亲民，在止于至善"，将"止于至善"作为厦大校训，并亲自为厦大拟定"校旨"，绘制校徽。在《厦门大学校旨》中，林校长开宗明义发表办学主张："本大学之主要目的，在博集东西各国之学术及其精神，以研究一切现象之底蕴与功用；同时并阐发中国固有学艺之美质，使之融会贯通，成为一种最新最完善之文化"[1]。林校长虽长年旅居海外，对中国传统文化却有很深的认同感，尤为推崇孔孟之学，主张"无论大学中学，皆当读孔孟之书，保存国粹"。只是其"尊孔"思想和行为，与"五四"以来"打倒孔家店"及提倡科学民主的时代精神相悖，由此引起一些进步师生的不满。

▲ 校长林文庆

1921年7月11日至14日，厦大在厦门、福州、上海、北京、广州、新加坡和马尼拉等七处同时招考新生。到9月份开学时，厦大学生有100多名，新聘请的教员也大多是留学欧美的教授，阵容可观。1922年2月，厦大第一批校舍落成，厦大师生便从集美迁到演武场的校址上课，厦大正式开始进入在厦门岛南部海滨的发展阶段。为进一步增强师资力量，学校多次重金礼聘教授，又创办国学院，延揽国内著名学者到校任教，林语堂、沈兼士、鲁迅、张星烺、顾颉刚等著名学者纷纷南下，厦大国学研究院一时名家荟萃，成为全国国学研究的中心之一。

经过六年多苦心经营，厦大发展已渐成规模，院系设置比草创时大有扩充，招生人数和毕业生人数也不断增加。鉴于厦大"办理完善，成绩斐然"，福建省教育厅同意厦大的立案申请，并于1927年11月下旬转呈南京国民政府大学院审处。1928年3月21日，国民政府大学院院长蔡元培就厦大立案一事发出131号训令。至此，私立的厦门大学获得合法资格。1930年2月，应国民政府教育部令，厦大又对院系设置进行调整，设五学院二十一系。

1927年以后，陈嘉庚在南洋的实业开始每况愈下，厦大办校资金吃紧，林文庆校长亲自到新加坡募捐厦大经费，又向国民政府财政部提出申请，他本人亦于1927年8月至1928年7月捐薪一年，计6000元。陈嘉庚甚至向银行借贷以支撑厦大、集美两地费用。至1931年夏，所有借贷陆续到期，陈嘉庚无力还款，不得不为厦大、集美两校向东南亚亲友募捐。一些海外华侨也伸出援手。1932年8月至1933年1月，厦大教职员也开展捐薪活动。国民政府迫于各方压力，遂批准补助厦大、集美两校经费每年6万元，福建省政府也从1935年7月起按月拨给厦大5000元，但这

些经费显然不够一个大学的开支。由于经费不足，学校不得不精简机构，由原来五学院二十一系缩减为四学院十四系。此后又为种种形势所迫，或因经费多寡，院系设置几经更易。

1937年，陈嘉庚先生在南洋的生意依然没有起色，厦大资金难以为继，陈嘉庚只好将厦大无偿交给国家。1937年7月1日，经南京国民政府核定，私立厦门大学正式改为公立。是年7月6日，任教于清华大学的萨本栋教授受国民政府任命，出任厦大校长，时萨本栋年方35周岁。

萨校长受命次日，芦沟桥"七七"事变爆发。7月11日萨本栋离京南下，7月25日抵厦门。经过三天的工作交接，7月29日正式执长厦大。8月13日，日军猛烈袭击淞沪，国民政府宣布全国抗战。时局严峻，国民政府根本顾及不了刚改为国立的厦门大学，以至到八月下旬尚未拨款给厦大，教员薪水也就无法如期发放。萨校长心急如焚，一面催促教育部，一面搜检残账，勉强凑出一些钱款。然而，困境只是刚刚开始。

当年9月3日，日本军舰进入厦门海域，炮击本岛。萨本栋校长为保证师生员工的安全，全校暂迁鼓浪屿，重要图书、仪器、标本等随之装箱，准备往内地转移。当时鼓浪屿多为外国租界、领事馆所占据，日本人不敢袭击那里。10月4日，萨校长借用鼓浪屿英华中学和毓德女校部分校舍，开学上课。但是，厦门地处海防前线，又面对为日本所占领的台湾，终非久留之地。萨校长当机立断，拟将厦大迁往福建山区。经与上级商洽之后，选定闽西山城长汀。11月间，学校订出迁汀计划，并对迁移工作进行周密安排。12月20日起，全校停课。24日当天，300多名师生与九辆载着仪器和图书的大卡车，向长汀进发。一路山高水深，道路崎岖，萨校长亲自挂帅，带领师生员工长途跋涉八百里，历时二十天，在次年1月12日安全抵达长汀。五天后即在长汀复课。

长汀没有现成校舍，萨校长先以文庙为课堂，租借旅舍或民房作为教工宿舍。条件虽艰苦，但上课从不耽误。转眼4月6日到了，这是厦大改为国立、内迁长汀后的第一个校庆日。当时抗战形势极为严峻，萨校长为稳定学生情绪，在校庆前夕，特别撰文勉励同学，尤其所列二十则信条，推心置腹，言简意长。

▲ 萨本栋校长

▲ 萨本栋与陈嘉庚

▲ 鼓浪屿毓德女校遗址

1938年5月间，厦门沦陷，厦大校舍被日寇炸毁，师生们闻讯悲愤填膺，也深感萨校长迁汀决策之英明。1938年秋季开学后，全校设文、理、商三学院九学系。除了原有教员之外，又新聘一些副教授，著名学者林庚先生即在其列。学生人数也从刚到长汀复课之初的196名增至284人。

鉴于当时局势，萨校长准备在长汀做长期打算。为了厦大在艰难条件下能继续发展，萨校长苦心孤诣，励精图治，事事亲力亲为，所有工作皆落在实处。他强调"现在不是推诿责任的时代，所以事无大小，我都要亲为或与闻"。由于校舍严重不足，萨校长利用当地廉价木材尽速修建，一年中新建或修葺堂舍、教室十余座，至1938年底，长汀校舍已有三大院。隔年在长汀北山麓又建一座具有南洋风格的嘉庚堂。接着，萨校长继续聘请国内外知名教授，充实师资队伍，同时重视发挥年轻助教、讲师的作用并进一步调整或设置教学机构，加强图书、设备建设。相比当时其他内迁的大学，长汀时期的厦大应是保持图书设备极完整的。由于是战时，又地处贫困山区，物质颇为匮乏，为使学生不因经济问题而辍学，学校采取各种办法，设立奖学金以鼓励好学而清贫的学生。此外，凡家境贫寒但学业优良、身体健康的学生，可申请免交学杂费等。

在营建校舍、解决师生生活问题的同时，萨校长对思想品德教育亦极为看重，他经常教导学生学好本领，贡献社会，"造福于国家和人群"。"他认为中国受日本的侵略，主要是因为科学技术落后，他想通过自己的奋斗，培养出一批科学技术人才，来拯救自己的祖国"[2]。抗战时期，国家极为需要土木建筑、机械、电机、航空等方面的人才，厦大避难长汀，缺少开办工科各系的必要设备和师资，萨校长以其专业所长，想方设法相继创办土木、机电及航空各系，为国家培养一批急需人才。他特别强调在战时，人力物力皆不可浪费："自今日始，务必急起直追，厉行节约，人力固不许浪费，须一身兼负二人之重任，一日急就二日之操作；物力更应爱惜，不遗弃一草一木，不虚掷片铜寸铁。一方储积人力物力，一方贡献人力物力，夫如是始足以言节约"[3]。他对于教学质量的要求更是毫不含糊，他说"本校一向对于学生程度的提高，非常注意，在量与质不能兼顾的情形之下，对质的改良，比量的增加，尤为重视"[4]。萨校长也极为重视学生的动手能力，他说"中国读书人最大的毛病，就是用脑而不肯用手。……处在机械化时代，只能用脑而不会用手的人，在许多方面，他的机会与地位，都受限制"。所以他决定把学校的一部分救济金，"用于鼓励同学之运用手足"，"希望大家以劳动服务为无上荣耀和快乐，互相勉励竞赛，使成为本校新的风气"[5]。他还特别强调要学好语文与英文，他说"语文不通顺的人，在学术界不会有地位"[6]。为尽快提高学生的语文水平，学校专门出台"试验办法"，"每学期由本大学校长聘请本大学教务长及教员若干人组织委员会主持此项试验事宜"[7]。至1941年1月份，举行七次语文（包括中文和英文）特殊试验。

在萨校长不懈努力下，厦大学生的学习能力和学术水平显著提高。从1940年到1943年，全国高校举行各种学业竞试或论文竞赛，厦大参赛成绩都是名列前茅，获奖比例在全国高校中也是最高。教育部公布的1941年全国大学生学业竞试成绩，在全国最优五校中，厦大蝉联第一[8]。

　　萨本栋擘划长校之初，本着以"务求无负陈嘉庚先生毁家兴学，及政府将厦大收归国立之意"作为自己的信条，力谋厦大之复兴。在其治理厦大近八年中，也是国难频仍，办校条件最艰难之时，国民政府给厦大办学经费极少，但是他尽心竭力，发愤图强，精进不止，故当时教育部长陈立夫评价说："厦大在萨先生领导下，居然以最少之经费，获得最多之代价"[9]。由于萨校长以高度的责任感、使命感治校，学校工作呈现出过去十六年从未有过的高效率，凡事雷厉风行，从不拖延。在萨校长的苦心经营和全校师生的共同努力下，一年下来，厦大在长汀站稳脚跟；两年之后，各方面工作都取得显著成绩，并且对长汀当地的教育事业、新闻出版、经济建设、社会风气，也带来深广影响，对于厦大将来的发展更是奠定坚实基础。1940年7月，陈嘉庚先生取道云、桂、湘、粤、赣、浙等省回闽，一路视察，在昆明还应邀到西南联大参观。11月9日抵达长汀，在两天时间里，陈校主走遍长汀校园的每个角落，听取萨校长的汇报，检查校务工作，认为"厦大有进步"；"虽各器物未能完备，且战后艰于添置，然比其他诸大学可无逊色"[10]。

　　萨校长受命于危难之时，忍辱负重，披肝沥胆、竭尽全力，甚至透支着自己的生命，帮助厦大度过最困难时期，让厦大在战争中依然弦歌不辍，箕裘相传。几乎与抗战八年相始终，厦大在长汀这片土壤上开始生根发芽，原本年轻有为的萨校长却积劳成疾，疾病缠身，及至卧床不起。但一俟病情略有好转，他又拄杖办公、授课。在他的主持下，1943年，学校先后又延聘一批专家、学者。文学院的虞愚，理工学院的方德植、汪德耀，法学院的陈朝璧、王亚南等后来蜚声学界的著名专家学者，都在此时受聘于厦大。在长汀发展至第六个年头，厦大已然在院系设置、师资配备、教学质量、校舍建设、招生规模等方方面面都有长足发展，做出举世瞩目的成绩，得到国内外教育界的一致好评。1944年春，美国地质地理学家葛德石到长汀参观访问，称赞"厦大为加尔各答以东之第一大学"。在民间，厦大则有"南方清华"之美誉。

　　1944年5月间，萨校长应美国国务院之邀，赴美讲学，学校事务由理工学院院长汪德耀教授代理。在美期间，萨校长旧病复发，三次向国民政府教育部请辞厦大校长职务。及至1945年9月，教育部正式批准萨校长辞职。9月19日颁令任命代校长汪德耀为国立厦门大学校长。

　　汪德耀校长接任时，历时八年的抗日战争以日本投降而宣告结束。此时厦大准备迁回厦门，可是厦大校园在战时遭到严重破坏，多数楼房被摧毁，或被夷为平地，剩余几栋楼房又用来关押日本战俘。汪校长的首要任务就是安排好厦大"复员"工作，对破坏严重的校舍需进行大修理，甚或重建，尚存的几栋楼房也要尽快腾空。但这些都需有关部门资助或配合，困难重重。于是校方决定先安排一年级新生在鼓浪屿上课，其余学生尚留在长汀。

　　1945年12月24日，距1937年12月24日厦大举校迁徙长

▲ 校长汪德耀

汀第一天,前后整整八年,在鼓浪屿英华中学大礼堂举行一年级新生开学式。八年前的这一天,厦大师生从鼓浪屿启程,远赴长汀,避难山城。八年后重返故地,风景已不依旧,人事更是皆非。

经多方交涉,1946年2月7日,日俘从厦大撤走。两天后,厦大开始接收演武场校舍,继而集中力量对之进行修建。1946年4月1日,在鼓浪屿设厦门大学新生院,配备师资和各套班子。6月1日,全校开始从长汀迁回厦门本部。厦大师生终于可以在相对安定的环境,开始正常的教学科研。这一阶段,在院系设置方面,仍然着眼于发展理科,充实文、法、商科。理科方面增设海洋学系,工科方面发展航空工程学系,并将萨本栋校长创设的机电工程系加以扩充,分成机械工程及电机工程两系。全校于1948年8月已扩展为五学院十九学系(组)。

厦大师生终于从遥远的闽西山区回到滨海学舍。讵料1946年夏天,内战爆发,政治动荡和经济衰败接踵而至,学生们时时上街示威游行,反对内战,反对美军暴行,抗议物价飞涨,争民主,求生存,或不断派代表请愿,或上书申告。国共两党的明争暗斗,也波及原本平静的校园。另一方面,在严峻的经济形势下,食物匮乏,只能努力自助,或义卖,或劝募,或垦荒,但求救饥。纷乱的时局,饥饿的民众,骚动的学府,乱世之中已不复有蜷局长汀一角,犹能安心读书之日。

直到1949年初,即使汪德耀校长为解决师生生活困难而四处借贷,甚至多次向厦门国库及中国、交通、农民等银行不惜以高利息借钱,厦大还是粮款俱空,学生们几至断炊。汪校长又不得不向厦门粮店借米,又急电南京行政院和教育局拨款救济,可是如同石沉大海,最后承福建省政府主席允许垫借食米,以解燃眉之急。只是杯水车薪,难以维持,全校师生员工,终于忍无可忍,掀起空前的"罢教、罢课、罢工"的"三罢"斗争。经过多方协调,校友们也发动募捐劳师基金,师生们方得度过解放前夕的危机。

近代以来内忧外患不断,抗战方歇,内乱复起,人们对政府之昏庸腐败无力,早已心生不满,渴望有一个新生政权能带领他们走出困境。中国共产党崛起,以其蓬勃的生机吸引着热爱新生活的人们,尤其是年轻学子。但是,厦大似乎注定比其他高校要承受更多苦难。当1949年解放军以风卷残云之势,摧毁国民党政府的残余势力,厦门地处海角,成为国民党军队负隅反抗之地。直至是年10月14日人民解放军总攻厦门,经过四天激战,厦门终于解放。旧中国已经完结,对于厦大人来说,新的挑战却刚刚开始。因厦门与大小金门,及大担、二担等敌占岛仅距离3000至5000米,厦门的政治军事形势依然紧张,厦大更是首当其冲。在接下来的日子里,厦大将要面对各种狂涛巨浪的冲击,开始新的命运轮回。

厦门大学自风云变幻的时代,从厦门东南角的海边崛起,其教育理念从一开始就具有神圣的使命感:教育兴国。陈嘉庚说:"国家之富强,全在乎国民,国民之发展,全在乎教育"[11]。在教育兴邦、科技救国的思想指导下,秉持着强国益民的神圣使命以及发展中华传统文化之目的,于国家多难之秋,从校主到校长,他们不求名利,不计个人得失,为中国教育事业,为厦大的发展不遗余力,或慷慨斥资兴办厦大,或在困境中奋发图强,

▲ 校长王亚南

无不为厦大建设尽心尽力，甚至鞠躬尽瘁，在厦大历史及中国教育史上树立了光辉典范。

如果说新中国建立之前的厦大为其"前世"，新中国成立至今，或可称作厦大的"今生"。

厦大1949年度招生工作因校舍被国民党军占用而暂停，1950年初方恢复招生，鼓浪屿新生院也迁回本部。1950年5月，经济学家王亚南教授被任命为厦大校长，成为新中国的第一任厦大校长。王亚南是研究马克思主义经济学的专家，其长校之初也是新中国建设初期，社会制度、思想意识都面临着新旧转变。历史似乎有意安排研究马克思主义的校长来治理学校，以尽快适应转型期的形势。当时主流意识认为社会主义教育性质的重要标志，就是让马克思主义占领高校阵地，用马克思主义武装教师头脑，指导教学、科研和其他一切工作。王亚南校长真诚地试图用马克思主义作为治校的指导思想，但坚持政治与业务一起抓。在业务工作上，主张教学与科研并重，理论与实际并重，自然科学与社会科学并重，因此教学和科研都取得较大成果。只是接下来接二连三的社会政治运动，逐渐打破学校正常的教学科研秩序。在新的历史时期，厦大面临着前所未有的考验。

建国初，为尽快培养共和国所需大批工农干部或工农出身的人才，学校大门努力向工农兵开放。根据上级指示，1951年厦大从宽录取工农成分学生的范围。继之又对院系进行大规模调整，目的是改造旧的教育制度，建立新教育制度。一些经营多年而有厦大特色的院系与专业被分离出去，在一定程度上削弱综合大学的实力。当年萨校长费尽苦心创办的工学院就被调整到其他院校，显然不利于福建及东南沿海的工业发展和人才培养。或因厦大地处前线，建国初两岸局势甚为紧张，一些基础建设为此无法进行，学生生活学习都受到影响，故厦大理、工两学院一度迁移到龙岩以避战火。

1953年至1954年，蒋军密集炮击厦门沿海地区。1954年9月金门蒋军发射炮弹38万余发，一个月中出动飞机520余批、1200多架次，对厦门岛狂轰滥炸。数年间厦大校舍多处受到炮弹袭击，员工和学生多人受伤，生活和教学秩序被破坏。据厦大56级学生回忆，1958年8月23日那天，"下午5时30分厦门几门大炮震天动地怒吼，炮火从云顶岩和附近山头越过厦金海峡，落到国民党军队在金门的驻地。厦门发炮20分钟后，金门的国民党驻军开始还击，一下子发射炮弹2000多发。此后厦金上空炮声隆隆，中间打打停停，持续了两个多月"[12]。不少当时厦大学生至今对"八二三"炮战仍记忆犹新。同年九月，蒋军把厦大作为军事目标，进行疯狂袭炸，有60枚炸弹击中校园。1958年8月至10月，人民解放军发炮全面封锁金门蒋军阵地和机场。1959年后持续数年，反小股匪特窜犯袭击干扰的斗争不断。1962年夏，蒋军甚至叫嚣要反攻大陆，战争已到一触即发的地步。大约十月份以后，形势暂趋缓和。1963年9月12日，国家教育部决定将厦大定为全国重点高等学校。

▲ 厦大民兵守卫的海滩，如今已是游人如织。

　　为适应前线战况，1951年厦大成立防空指挥部，大力开凿防空洞、防空壕、碉堡，成立民兵师、警卫连、纠察队，校长、书记分别任民兵师正、副师长。学生用大量时间进行军事训练、站岗、放哨、巡逻，甚或实弹演练。从大南校门右偏门进来不到五米处，原有一个砖土垒成的碉堡，就是当时的遗物，现在碉堡遗痕已被彻底抹去。一直到70年代末，七七、七八级大学生夜里还要轮流站岗放哨，下午五点后沿海沙滩一概戒严。那时空袭和炮击基本停止了，代之而来的是心理战，两岸各用大喇叭互相喊话。每到夜晚，在校园内时常听到从金门方向飘来的柔软语音："共军官兵们……"，比起轰隆隆的炮声，这种声音柔和多了，无异糖衣炮弹。

　　厦大人不仅经历着炮火硝烟的锻炼，也承受着各种思想政治运动的消磨。直至20世纪70年代末，万象复兴，厦大也迎来改革开放的教育春天。1979年7月，中央在深圳、珠海、汕头、厦门设置经济特区。1984年4月厦门经济特区的范围又扩至全岛。厦大为适应新形势，为特区建设服务，增设新的专业、学院，参与制定特区发展计划，开展综合研究。1984年10月15日制定《厦门大学改革和发展的基本设想》，保持"华侨创办，地处经济特区，面向东南亚和海洋"

▼ 在厦大可以清晰地看见大担、二担岛

导　言 | 013

▲ 如今的厦大依然留有战争的遗迹

特色，把厦大建设为"面向特区，面向全国，面向东南亚，具有较高水平和富有特色的综合性大学"。在经济大潮带动下，一些新学科应运而生，一些学科得天时地利而蓬勃发展，一些老学科由于不能适应新形势需要而趋于式微，学科设置也在不断调整。教育理念、教学形式随着形势变化在急速改变。

21世纪以来，厦大已然发展为一个成熟的综合性高等学府。走过近一个世纪的风雨历程，回顾厦大的前世与今生，厦大命运与国家民族的命运密切相连。自20世纪初封建社会终结，中西新旧观念交汇，到抗日战争、解放战争及新中国建立之后，各种政治思想运动铺天盖地，改革开放之后经济大潮更是波叠浪涌，厦大无不随着时代变迁而浮沉。厦大的盛衰，折射出历史的进退，也是中国百年教育史的缩影。

同时，厦大又有自身的特殊条件和成长经历。首先，它是全国最早的一所由华侨捐资兴办的私立大学，从一开始它就承载着教育救国的神圣理想，海外侨胞的爱国情结也深深植根在这个学府。其次，由于厦大处于海防前线，除了卷入历次国内政治、经济浪潮，它还得面对敌手真枪实弹的攻击。它既是学府，有时又不得不成为战场。在血与火的洗礼中，厦大学子培养了顽强不屈的斗争精神，曾被称为"带枪的大学生"。再次，20世纪70年代末，厦门是最早设立的经济特区之一。近四十年经济急速发展，厦门大学也在经受从未有过的历史考验，在政治与学术之间，在物质与精神之间，在欲望与理想之间，在金钱与道义之间，何去何从，厦大正在进行艰难抉择。

战争烟云、政治风暴、经济狂潮，时时在校园内翻滚，因此这里从来没有真正平静之时。但是，厦大学人有幸遇到陈嘉庚、林文庆、萨本栋、王亚南等校主和校长。他们自身的人格特质，也已嵌入厦大的品格。厦大近百年沧桑历史，见证了爱国华侨的抱负与远见，民国知识分子的良知和担当，青年学子的理想与追求。从演武场埋下群贤楼的奠基石开始，到山城长汀的弦歌之声，到前线战火烽烟中的坚守，厦大自诞生到成长，凝聚着校主和校长们无数的心血，他们甚至付出生命的代价。

厦大建校九十多年以来，爱国爱乡、兴教兴学的嘉庚精神亦蔚为风气。陈嘉庚的胞弟陈敬贤，还有陈嘉庚的女婿李光前，都在陈嘉庚生前生后，为厦大建设奔走出力，或出资建楼，对厦大的发展做出极大贡献。改革开放以来，一批批社会人士和校友，继续弘扬嘉庚精神，饮水思源，不断慷慨解囊，襄助教育，营造厦大，捐资办学已成为厦大校友相沿不断的传统。为感谢与铭记支持厦大的校友和社会人士，厦大不少楼房以这些社会热心人士或是其家属的名字命名，如克立楼、逸夫楼、建文楼、蔡清洁楼等等，由此我们可以感受到校友热心厦大教育事业的一片深情。

与当初陈嘉庚先生拿下两千亩演武场相比，如今学校的地盘更大了，学校总占地近

9000亩，其中思明校区位于厦门岛南端，占地2500多亩，漳州校区占地2568亩，翔安校区建设用地约3645亩。校园建设也在日臻完善，就厦大本部而言，不仅增盖许多新楼房，自20世纪80年代以来，校园绿化也倍受重视。全校各类树种300余种，常见的有150多种，且有增无减。在校园内最常见的有凤凰木、榕树、相思树、芒果、龙眼、玉兰、银桦、大王椰子、假槟榔、蒲葵、竹子、柠檬桉、红白花羊蹄甲等等；绿篱则有丁香、七里香、冬青等。校内交通也有几条主干道，一是由西校门进入，直往人类博物馆方向，为"群贤路"；二是由大南校门往芙蓉三方向，为"大南路"；在两条纵线之间横亘着一条直线，即从鲁迅广场前向北，直抵"克立楼"，号称"博学路"。另有芙蓉路、凌峰路、国光路、敬贤路、白城路等等，大都以其两侧或附近的主要建筑物、楼区或园地为名。不过，你可能看不到道上有路名标示，由此恰可见厦大之自然疏放的风度，坐看行走，观云起水生。

现在，你已经看不到，甚至想象不到这里曾有的荒凉，因为所有故事已经发生。从荒滩乱石到花园学府，从长汀岁月到当下光景，从筚路蓝缕到踵事增华，厦大穿越历史时空，以美丽的姿态矗立在山海之间。在她近百年生命里，她经历过人世代谢，目睹了沧海变迁，也见证着一种精神——"自强不息，止于至善"：

自强！自强！学海何洋洋！谁欤，操钥发其藏？鹭江深且长，致吾知於无央。吁嗟乎！南方之强！吁嗟乎！南方之强！

自强！自强！人生何茫茫！谁欤，普渡驾慈航？鹭江深且长，充吾爱於无疆。吁嗟乎！南方之强！吁嗟乎！南方之强！

注　释

[1]《厦大校史资料》第一辑，黄宗实、郑文贞选编，（内部资料），厦门大学出版社，1987.12，P40。
[2] 转引自蔡启瑞、黄厚哲、陈碧玉、陈孔立《萨本栋与厦门大学》，《厦大校史资料》第二辑，黄宗实、郑文贞选编，厦门大学校史编委会，厦门大学出版社，1988.7，P42。
[3] 萨本栋《"七·七"二周年纪念与节约运动》（1939.7.7），见许乔蓁、林鸿禧编《萨本栋文集》，厦门大学出版社，1995.9，P237。
[4] 转引自蔡启瑞等《萨本栋与厦门大学》，《厦大校史资料》第二辑，P40 – 41。
[5] 萨本栋《开学词》（1941年10月25日），《萨本栋文集》，P246。
[6]《萨校长勖勉同学词》之第二十则，见《厦大校史资料》第二辑，P48。
[7]《厦大校史资料》，第二辑，P102。
[8]《厦门大学校史》第一卷（1921 – 1949），洪永宏编著，厦门大学校史编委会，厦门大学出版社，1990.10，P341。
[9] 转引自仲君《学府人物·萨本栋》，见《厦大校史资料》（1937 – 1949）第二辑，P39。
[10] 陈嘉庚《南侨回忆录》，岳麓书社，1998.8，P304。
[11]《陈嘉庚筹办厦门大学演说词》，见《厦大校史资料》第一辑，P19。
[12] 林其泉《"八二三"后护校一百天》，《凤凰树下——我的厦大学生时代》，陈福郎主编，厦门大学出版社，2006.3，P130。

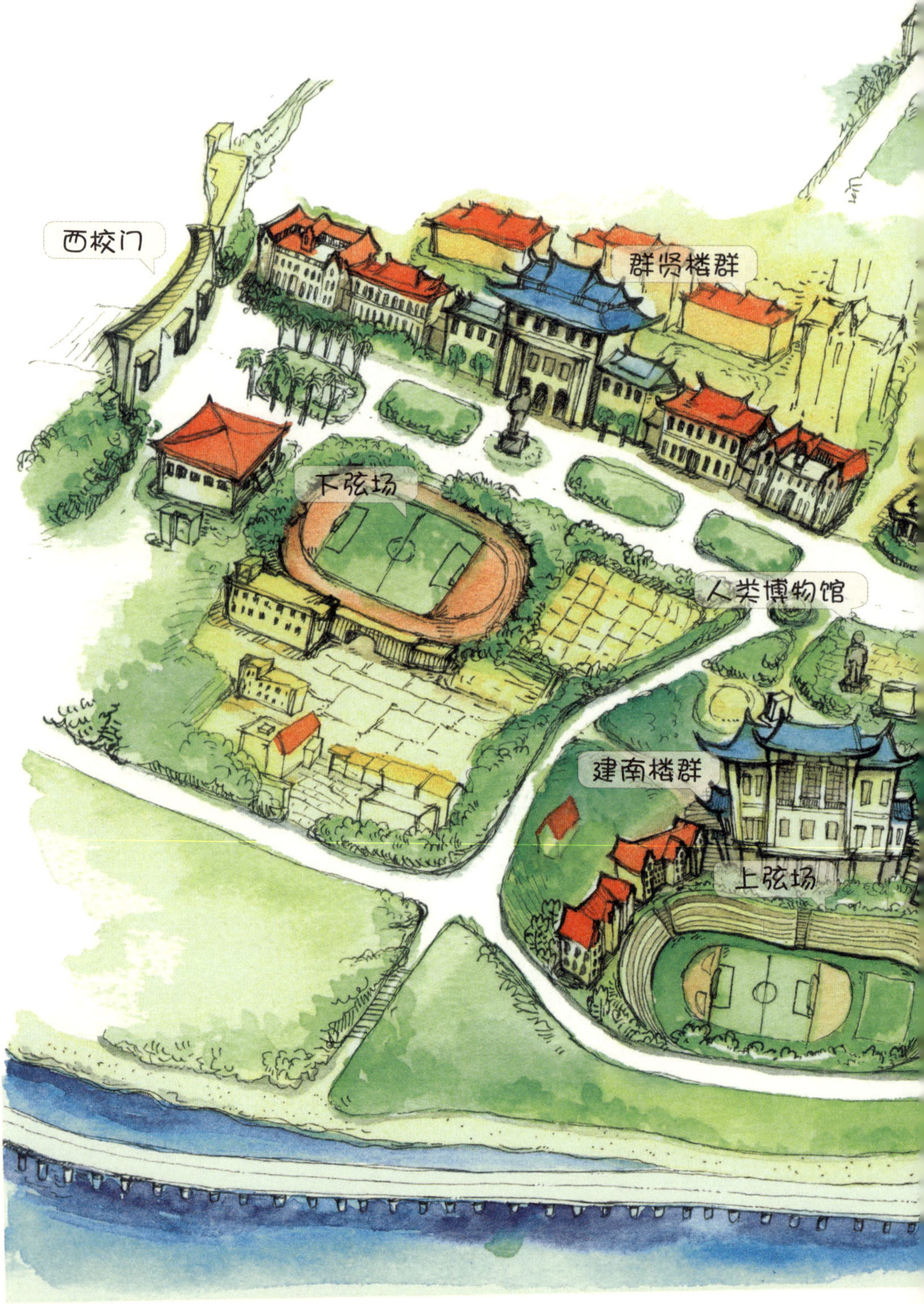
西校门
群贤楼群
下弦场
人类博物馆
建南楼群
上弦场

海之北

西校门

厦门大学西校门位于演武路东南向，这是厦门大学老校区主校门之一。由于从这里进去就是厦大的主干道和群贤楼群，所以又称"群贤校门"。

人类发明房子，也发明了"门"，以此保护自身免受大自然灾害的侵袭。社会形成之后，"门"也用以防范不善的来者，标明自家的疆界。"门"的出现标志着社会发展和人类文明进入新阶段。从厦大老照片可见，厦大办校之初没有森严的大门，在最早崛起的群贤楼群前是一片蛮荒。追问何时在旷荡的海滩设立"门"，似乎没有必要。可想而知的是，当校门建立，至少说明厦大已自立门户，学校已然成型。

今天，西校门已成为厦大的地标性建筑。这座造型独特的花岗岩建筑完成于1991年3月，由晋江籍旅菲侨胞、名誉校友张子露博士捐资兴建，作为母校诞辰70周年贺礼。大门主设计者是厦大建筑系张挺晖老师，浮雕设计者是厦大建筑系孙锡麟教授。

这是一座敞开式大门，高7.4米，长25米，建筑面积120平方米，在当年是全国最大的高校大门。为突出厦门大学特有的嘉庚建筑石文化的主题，整个建筑外立面均采用花岗岩材质。在设计风格方面，大门体量巨大，主门跨度也大，采用主体对称式构图，以左右延伸的弧面、上方两角微微翘起的长方形为造型基调，上部又配以22公分厚的花岗岩浮雕，形态简洁、明快、舒展，富有现代感，以体现高校大门所应有的沉稳庄重及文化内涵。大门上方"厦门大学"四个大字辑自鲁迅在厦大期间与许广平的来往书信"两地书"手稿，取其小楷字放大而成，字体洒脱古朴，直攀魏晋。

2013年7月，受热带风暴"西马仑"影响，厦门岛突降暴雨，厦大西校门水漫金山，校门内主干道两侧积水没踝，厦大官民一起"浑水摸鱼"，甚为壮观。"西门被泡"的消息一时在网络上炸开锅，有人戏言终于明白为什么厦大要开设爬树课、帆船课、游泳课了。有人调侃厦大"威尼斯校区"要增加潜水课和捕鱼课。"厦大很忙，正在泡澡""让我们荡起双桨，到厦门看海，回厦大捉鱼"等，成为一时热门帖子。好在厦大人都是"吓大"的，面对每年必来的台风见怪不怪，处变不惊。顶风冒雨来访的游客，更不是"吓大"的，所以即便雨势不减，积水成湖，依然挡不住他们丰沛的热情，不少人甚至劈波斩浪，誓与西校门合影。

作为大学校门，不可能一直敞开，否则也失去设立大门的意义。这里毕竟是学府，需要安静以适宜学人沉思。因此，无论你们进入哪个大门，请你们放慢脚步，静心观察校园内的自然和人文风景，你会看到厦大的历史和现实，那里或许有你感兴趣阅览的篇章。

书籍与鲲鹏

钟林美广场
明培体育馆
下弦场

钟林美广场

一脚踏进西门，迎面就是钟林美广场。其实最早它只是一个普通的开阔地，没有名号。据说这里也是厦大最低洼之处，地底与海水相接，每到台风季，狂风暴雨肆虐之后，这里几成水乡泽国。

钟林美广场于1994年5月由香港华人钟宝玉七姐弟捐建，以此纪念他们的母亲钟林美女士。钟林美一生乐善好施，她所在的海外钟氏家族还捐资兴建紫竹林寺（在厦门金榜公园内），这座寺院是南普陀寺闽南佛学院的女众部，楼群都以钟氏家族人命名，其中学生宿舍楼就叫"钟林美楼"。

建钟林美广场时，大概对地下水源做了处理，除非特大风暴来袭，这里不再呈泱泱之状。广场建立后，这里逐渐成为校园的中心地带，其主要景观是在喷水池后一座似浪非浪、似鸟非鸟、似书非书、造型奇特的铜雕，厦大人称之为"鸟书"。从前面看，它像一只飞翔的鸟，犹如《庄子·逍遥游》中的鲲鹏；从后面看，它却似一本书。雕塑者最初的设计理念是寓意"飞向未来的知识与信念"，象征厦大正展翅高飞。这座雕塑的设计者是著名雕塑师、厦大建筑系李维祀教授。

从西门进入的通道平面规划来看，整体布局并未采用中轴对称形式，而是充分利用地形条件，将主要建筑分布在群贤路旁。由于喷水池占据广场中央，入门的道路并非笔直，学子们戏称"歪门邪道读鸟书"。钟林美广场也被调皮的学生称为"钟林美食广场"。

"邪道"两侧耸立着高大挺拔的大王椰子树，尽显南洋风情。黄昏时分，道路两旁路灯散发出淡淡古韵，透着朦胧，宛如旧梦。路面两边是精心修饰的绿化带，把校园主干道分成三部分，中间是车辆行走的快速路，左边一条宽阔的绿化带把群贤楼群和行车道隔开，右边的绿化带又把行人和车辆进行分流。绿化带比地面略高，被设计成花圃造型，中间还有一列木棉花与椰子树相间，伴随着主干道一起延伸。看到木棉，或许你会想起舒婷的诗："我有我的红硕花朵，像沉重的叹息，又像英勇的火炬"。每当春季木棉花开之时，枝上的红花与蓝天翠树、朱楼橙瓦相映，果真像"英勇的火炬"。暮春花落又与绿草相依，还能听到她"沉重的叹息"。

明培体育馆

　　喷水池右边即是明培体育馆，由菲律宾爱国华侨、厦大海外函授学院校友佘明培先生及夫人施淑好女士捐资建造，为厦大第一个正规化体育馆，建筑面积 4768 平方米，1988 年开工，1990 年落成。馆内有一个篮球场，2000 个座位。其建筑特色表现在屋面橘红色锥形钢网架结构，连接外廊以上的锥形屋体，四根独立巨大的角柱直抵屋面角檐，整体造型呈上大下小的锥形，貌似永不熄灭的火炬，象征厦大健儿们蓬勃向上的体育精神。如果你是 CBA 的忠实球迷，碰上赛事的话，兴许还可以在此呐喊助威！

　　紧邻体育馆南侧的是王清明游泳馆，由香港校友王少华女士捐资修建，并以其父名字命名。该馆建成于 2004 年 4 月，共 3 层，内有两个标准游泳池，800 座看台，集健身房、乒乓房、瑜伽室、舞蹈房、跆拳道馆等于一体。外型设计别具一格，四楼露天泳池顶部的遮阳棚宛如掀起的朵朵浪花。

▲ 明培体育馆

◀ 王清明游泳馆

下弦场

　　位于群贤路右边体育馆东侧的是演武田径场，为了与校园内另一座名为"上弦场"的运动场相对应，故称"下弦场"。

　　三百多年前，这里曾经是明朝爱国将领郑成功操练军队的地方。清顺治年间（约1657—1659年），郑成功欲挥师北伐金陵，在此之前他每日于演武亭亲自选将，操练大军，终于训练出一支拥有万人之众的"铁人军"，成为收复台湾的主力。一百年前，外国殖民者入侵，又将演武场掳为己有，成为他们的跑马场。后来阅兵与跑马均废，被洋人辟为高尔夫球场。解放后，在厦大同安楼身后的八角亭花园发现一块长120厘米、宽48厘米的"练胆"石刻（现存于鼓浪屿郑成功纪念馆），再次见证演武场昔日的壮烈。

　　陈嘉庚当年选择演武亭遗址创办厦门大学，也是寄望厦大学子秉承先辈遗志，爱国兴邦，精忠报国。在这里设体育场，旨在鼓励同学们健身强骨，练就一副好身躯，以更好为国效力。今昔景象虽大有不同，精神却一脉相承。

　　应形势发展需要，目前学校已启动下弦场改造工程，以改变厦大当下运动设施不足和条件简陋的现状。具体改造措施一是考虑日照方向，避免运动时光线刺眼，将原东西走向的田径场改为南北走向；二是考虑到校园内车满为患及游客众多干扰教学区，将设地下停车场及访客中心。本次下弦场改造工程，将为厦大新建一个南校门，即真正朝南面海的校门，位于大学路，这个校门将专门作为游客出入之处，其他校门不再对游客开放。2017年8月工程改造可望全部完成，下弦场面貌将焕然一新。

群贤毕至

陈嘉庚铜像
群贤楼群
校史展览馆
鲁迅纪念馆
敬贤亭

陈嘉庚铜像

从西校门进入校园，在左手边古色古香的群贤楼群前一圆形花坛中央，你可以看到一尊铜像，那就是校主陈嘉庚。先生身穿西式套装，胸结领带，一手扶着绅士手杖，一手持巴拿马礼帽，面露慈祥，眺望远方。近一个世纪过去了，校主以最恒定的姿态站立在岁月之中。

这尊青铜像造型是依据20世纪50年代校主从新加坡返回厦大时拍摄的一张老照片。铜像建成于1983年先生诞辰110周年之际，设计者是厦大建筑系孙锡麟教授。铜像前圆形花坛的白石基座上有毛泽东题词："华侨旗帜、民族光辉"。

1874年10月21日，陈嘉庚诞生于福建省同安县集美社（现为厦门市集美区）的小渔村，从小帮助家里从事农渔劳作，直到九岁才进入私塾。其十七岁时因"师亡辍学"，然后赴新加坡协助其父经营顺安号米店生意。二十岁时，奉母命回乡完婚，两年后又返新加坡，仍在顺安号服务。二十四岁时遭遇丁忧，次年回梓。二十六岁第三次出洋，隔年再度还乡改葬先母，旋复第四次南行。三十岁左右，其家道中落，陈嘉庚靠筹集到的资金在新加坡购置500亩林地种植菠萝。尔后他又涉及多种行业：熟米加工业、手工业、伐木业及房地产业等。其中让他获得巨大利润的是橡胶业，即以橡胶和胶制品业为主，鼎盛时期其销售网遍及全球，使之最终成为东南亚四大橡胶王之一，为驰名海内外的大实业家。

陈嘉庚身居异邦，心怀故国，在国家多难之秋，时刻不忘报效家国父老乡亲，寻找救国之路。1909年，陈嘉庚结识孙中山，翌年参加同盟会。辛亥革命闽省光复后，被选为新加坡福建保安会会长，募款支持孙中山的革命活动。1937年"七七"事变爆发后，他组织"南洋各属华侨筹赈祖国难民总会"（简称"南侨总会"），并被选为主席，领导支援祖国抗日救亡。1939年汪精卫叛国投敌，他严电声讨。

当时，陈嘉庚号称"亚洲的亨利·福特"，乃东南亚赫赫有名的"橡胶大王"。然而，陈嘉庚志向所在是报效祖国、倾资兴办教育等公益事业，以尽国民天职。早在1913年，陈嘉庚就在家乡创办集美小学，后又增办师范、中学、水产、航海、商业、农业等校，统称为"集美学校"。即使在侨居地新加坡，陈嘉庚亦倡办和赞助许多学校。世界经济危机，企业经营未有转机，他仍多方筹措经费，百折不挠维持办学。

1919 年 5 月，陈嘉庚毅然把南洋实业转交给胞弟陈敬贤管理，自己一脚踏上归程，决心在厦门办大学。陈嘉庚说："今日国势危如累卵，所赖以维持者，唯此方兴之教育与未死之人心耳。若并此而无之，是致国家于度外，而自取灭亡之道！夫公益义务，固不待富而后行；如必待富而后行，则一生终无可为之日。救亡图存，匹夫有责。我厦中人士其可不猛省乎？……欧美先进各国，统计男女不识字者不及百分之六七，日本为新进之邦，亦不满百分之二十，我国则占百分之九十余，彼此相衡，奚啻霄壤。国民之程度如此，欲求免天演之淘汰，其可得乎！？嗟嗟！我国不竞，强邻生心，而最痛巨创深者，尤莫我闽若也。……民心不死，国脉尚存，以四万万之民族，决无甘居人下之理。今日不达，尚有来日，及身不达，尚有子孙，如精卫之填海，愚公之移山，终有贯彻目的之日。"[1]。在 1920 年 11 月一次演说中，他说到自己要办学的原因，一是国家要强大，教育要发达，需全民兴学助教。二是自己要以身作则，带头兴资办学。陈嘉庚从此立下"鸿鹄之志"，决心秉持"精卫填海""愚公移山"精神教育兴学，创办厦门大学。

1921 年 4 月 6 日，陈嘉庚创办的厦大横空出世。在 5 月 9 日"国耻日"这天，陈嘉庚为群贤楼校舍动土奠基，并亲撰碑文："中华民国十年五月九日 厦门大学校舍开工 陈嘉庚奠基题"。至今这块石碑仍嵌在群贤楼正中墙基上。奠基石下埋有石匣，里面珍藏着校主当年宣布开办厦门大学演讲稿。

在筹办厦门大学期间，陈嘉庚亲自选择校址、校长，主持建筑校舍，高薪聘请师资等，设文、理、法、商、教育等五院十七系，为海内外培养高等人才。然而，自 1926 年起，陈嘉庚的南洋实业开始出现债务危机，入不敷出。有人劝他逐月减少厦大经费，他却说"我吃稀粥，佐以花生仁就能过日，何必为我担心！"即便举步维艰，他依然抱定"企业可以收盘，学校绝不能停办"的决心，变卖其儿子的三幢

▲ 陈嘉庚与孙中山

▲ 陈嘉庚与毛泽东

▲ 陈嘉庚视察厦门大学建设工地

别墅，作为维持厦大的经费。1932年，当外国财团答应以停止支持厦门大学和集美学校为条件保护其企业经营，却遭到陈嘉庚断然拒绝。直至1937年春，由于确实无力继续办校，陈嘉庚遂无条件将厦门大学献给政府。

厦门大学改为"国立"后，陈嘉庚一如既往关注其发展。1940年，陈嘉庚回国慰问期间，还特地到迁往内地长汀的学校视察。1949年归国，亦来校访问。1950年定居集美后，仍继续募资、筹划扩建学校规模。在他的倡导下，许多华侨捐资兴学形成风气，影响深远。他还推行社会教育，亲建集美鳌园"博物大观"和倡建厦门华侨博物院等。

陈嘉庚捐资办学，慷慨解囊，从不吝惜。黄炎培说："发了财的人，而肯全拿出来的，只有陈先生。"陈嘉庚自己生活开销极为节俭，近乎吝啬。他给自己定下的伙食标准是每日伙食费不许超过5角，每月15元标准。贵客光临，才偶加几样小菜。解放初期，他接待上海市长陈毅，下属在果盘上多放了一斤糖块，却受到批评："买那么多干什么？首长最多尝一、两颗，买它两角钱满够了！"他受女婿李光前委托，照料南安梅山国光中学校务，午餐时却在公路边吃起自带的咸稀饭配油条。他也没有豪华别墅，惟有新加坡"怡和轩"简陋的三楼住宅，国内住处是在集美学村校董会楼上的狭小空间，兼做办公室和卧房。在穿戴和日常费用方面，他更是能省则省，一件破棉背心从抗战穿到解放后，皮鞋补了三次，一把破雨伞补了再用，木床上挂一顶发黄且有补丁的蚊帐，断柄瓷杯倒扣就是烛台。至今集美鳌园纪念馆里还陈列着他用过的旧物，历历在目，仿佛在述说着这些衣物的主人之磊落人格，朴素一生。

陈先生晚年依然为厦大劳心劳力，以八十多岁高龄，为厦大校舍扩建每天来回竟扶杖步行五公里。1949年，陈嘉庚应毛泽东主席电邀，从新加坡回国参加新政协会议和开国大典。历任中央人民政府委员、华侨事务委员会委员、归国华侨联合会主席，先后当选为全国人民代表大会常务委员、全国政协副主席等职，直接参议国事。虽年至耄耋，他仍不辞劳苦到祖国各地视察，致力于祖国建设事业，并为推动华侨爱国大团结、支持祖国和家乡建设发挥积极作用。

陈嘉庚于1961年8月12日在北京病逝，终年八十七岁。弥留之际，他嘱咐把遗产300万全部捐献给国家。国家给予国葬的哀荣，其灵柩运回厦门集美，安葬于"鳌园"中。

陈嘉庚先生为教育事业做出极大贡献，并一生践行其教育理念。嘉庚先生所开创的岂止是一所大学，而是一个民族的复兴，一个国家的未来。

注 释

[1] 陈嘉庚《筹办厦门大学演讲词（1919年7月）》，转引自《厦大校史资料》（1921 – 1937），第一辑，P17 – 18。

群贤楼群

在嘉庚先生铜像背后是一排相连贯的五栋楼。这"一主四从"的组楼便是群贤楼群，它是厦大最早建造的具有嘉庚风格的楼群，1921年5月兴建，1922年底竣工，至今已有九十余年历史，被称为厦大的"祖厝"。这组厦门大学的首批校舍，以主楼群贤楼中厅轴线为准、两边对称布局，坐北朝南，外墙一律采用花岗岩清水墙，内部一律砖木结构。楼群从西向东，即从左至右，依次为囊萤楼、同安楼、群贤楼、集美楼、映雪楼。五幢楼一字排开，像一条巨龙，寓意厦大腾飞。

群贤楼群最初设计方案是出自美国设计师之手，呈"品"字形。陈嘉庚先生对此不满意，理由是"以其多占演武场地位，妨碍将来运动会或纪念日大会之用"[1]。最后按照陈嘉庚自己的设计方案，把"品"字形改为"一"字形，"中座背倚五老山，南向南太武高峰"，使建筑物与自然风景相映衬，由此可见陈嘉庚在建筑构思上着眼于长远，及充分利用地形的卓识远见。

在楼体的建筑设计方面，陈嘉庚也是煞费苦心。五幢楼群中间三幢为中式，居于两端的囊萤、映雪为哥特式风格，体现中式为主、西式为辅的建筑理念。五幢楼的墙体均为花岗岩条石砌筑，楼面为木结构上铺红色斗底砖。各楼之间以双坡顶木廊相连。

主楼群贤楼占地面积1334平方米，建筑面积2725平方米，使用面积1843平方米，中厅三层，高23公尺。屋顶采用闽南民居的大屋顶"三川脊"歇山顶建筑，加上琉璃瓦屋顶，既错落有致，富有节奏感，又色彩鲜明。山墙及屋檐下有闽南传统的灰雕泥塑及木雕垂花装饰。

▲ 囊萤楼

▲ 厦大旧影

　　同安楼和集美楼为二层建筑，建筑面积分别为1096平方米和1062平方米。平面呈外廊式布局，一楼为拱形廊，二楼为方形廊，廊中间装饰西式顶檐柱。同安楼和集美楼的楼名分别为时任厦门道道尹陈培锟和原思明县县长来玉林手书。囊萤楼和映雪楼为三层建筑，建筑面积均为2316平方米，平面均呈双角楼内廊式布局，双坡西式屋顶，屋面铺红色机平瓦。山墙开尖拱形窗，三楼设前廊，八根西式圆柱承托屋檐。两座楼第三层中亭亭楣上镌有陈敬贤和陈嘉庚各自手题的"囊萤""映雪"字样。

　　群贤楼群是最早的嘉庚式建筑，其特点是古今、中西合璧样式，楼梯石板悬挑，清水雕砌特大的张灯结彩、垂珠彩帘吉祥图案，在当时中国建筑界，这三大特色都是绝无仅有，无与伦比。其独到之处在建筑技巧、装饰手法上均有体现：主楼及相邻两座中部屋顶取中式斜尖屋顶，为双翘脊重檐歇山顶，两翼为双翘脊歇山顶，脊尾呈燕尾式。东西端两座则取西式屋顶。主楼重檐宫殿式檐口悬挂木雕宫灯，又用雪白花岗岩和少量辉绿岩的中、西式线条，及中式拱弯拱塞图案，并在二、三层交错处的墙面上雕刻砌筑的垂珠，与檐口的宫灯相配，具有张灯结彩、明珠垂帘的艺术效果，寓意喜庆延年，欣欣向荣。这种中西合璧的建筑设计风格，既有中式雕梁画栋的韵味，又不乏简约大方，带着"洋气"。尤值一提的是，群贤楼群的楼梯全部采用石板悬挑式结构，其加工和砌筑技巧难度颇大，因为石板脆性大，悬挑之后容易断裂，但这个问题妥善解决了，从而成为嘉庚式的建筑特色。主楼两旁的二层副房，及东西两旁的集美楼、同安楼，上下层皆砌构走廊，下层廊沿为半圆拱形状，上层廊沿在半墙栏围上，加或方或圆两种石柱与之呼应，造型典雅独特。五幢楼之间有一道贯通的四百米长廊，四季晴雨寒暑，皆不需担心雨淋日晒，可谓全天候走廊，亦与厦门市区及闽南一带"骑楼"相仿佛。

　　主楼落成时，有人建议取名为"嘉庚楼"，当即被陈嘉庚否定。又有人建议以先生胞弟"敬贤"为名，陈嘉庚经过一番思考后，改"敬贤"为"群贤"，取意于东晋著名书法家王羲之《兰亭集序》中"群贤毕至，少长咸集"。以"群贤"为名，又有联系会合之意，即《荀子·非十二子》曰："若夫总方略，齐言行，壹统类，而群天下之英杰"。陈嘉庚希望厦大将来能招集万方"群贤"到来，也能培养更多"群贤"为国家，为社会，为民生效力。现尚

▲ 林文庆手书"群贤"

能看到的"群贤"楼名二字为时厦门大学校长林文庆手书。紧邻主楼两旁的副楼,陈嘉庚则以"同安"和"集美"为名,表达先生为报效家乡、办好国民教育的决心。东西端两座楼,陈嘉庚分别命名为"映雪"和"囊萤"。"映雪"典故出自《艺文类聚·天部下·雪》:"孙康家贫,常映雪读书,清介,交游不杂"。明代廖用贤《尚有录》卷四曰:"孙康,晋京兆人,性敏好学,家贫无油。于冬月尝映雪读书。""囊萤"原指以囊盛萤。《晋书·车胤传》载:"(胤)博学多通,家贫不常得油,夏月则练囊盛数十萤火以照书,以夜继日焉。""映雪""囊萤"均为安于贫困、勤学苦读的范例,以此为楼名,意在鼓励学生们效仿先贤,努力学习。

　　陈嘉庚在建筑方面的指导思想是节约、适用、美观。其以节约为本的思想也体现在这批校舍建造方面。首先是充分利用当地现有的资材。厦门地质乃花岗岩石,就地取材,不但可以降低工程成本,岩石本身也坚固,且颜色素雅洁白,颇有美感。群贤楼群外墙面即用细加工的这种白色清水花岗岩。楼群屋顶基本上都是一种橙色的瓦,这种"瓦"也称"嘉庚瓦"。欲知嘉庚瓦之由来,就要从最初说起。陈嘉庚先生很节俭,并善于因地制宜。盖厦大校舍时,他总是充分开发地方资源,经常自己造砖瓦,烧壳灰,按自己要求生产各种特殊规格的砖瓦,最有名的是他自行设计、制作的橙色带些釉面的大瓦片,人称"嘉庚瓦",简称"庚瓦"。这种暖色的庚瓦做屋面或装饰,不仅色彩明亮,而且比较稳重,抗风力强,隔热、保温性能也好。庚瓦表层有些釉面,也不易老化。从宏观布局及审美角度观之,庚瓦集宏伟大气与明朗绚丽于一体,这也是陈嘉庚对古今、中西合璧的建筑构思及材料使用上的一大贡献。在南国明媚的阳光下,在绿树红花之中,这些"庚瓦"散发着无限温馨和暖意,仿佛是丰收果园中的累累橙果,又好似默默燃烧的火焰,温暖、照耀着校园。

　　群贤楼中层大厅最初为大会堂,两旁作为周刊、教育心理实验室,底层是教室和教员休息室等。同安楼和集美楼最初为教学楼或图书馆,囊萤楼和映雪楼为学生宿舍楼。1926年9月至1927年1月,鲁迅先生来厦大任教,曾住在集美楼二层西边。1938年5月至1945年8月,厦门沦陷期间,校舍受到极大破坏。1946年厦大复校后,对群贤楼群等进

▲ 中共厦门大学第一个支部就设在囊萤楼

▲ 群贤楼长廊

▲ 群贤楼角

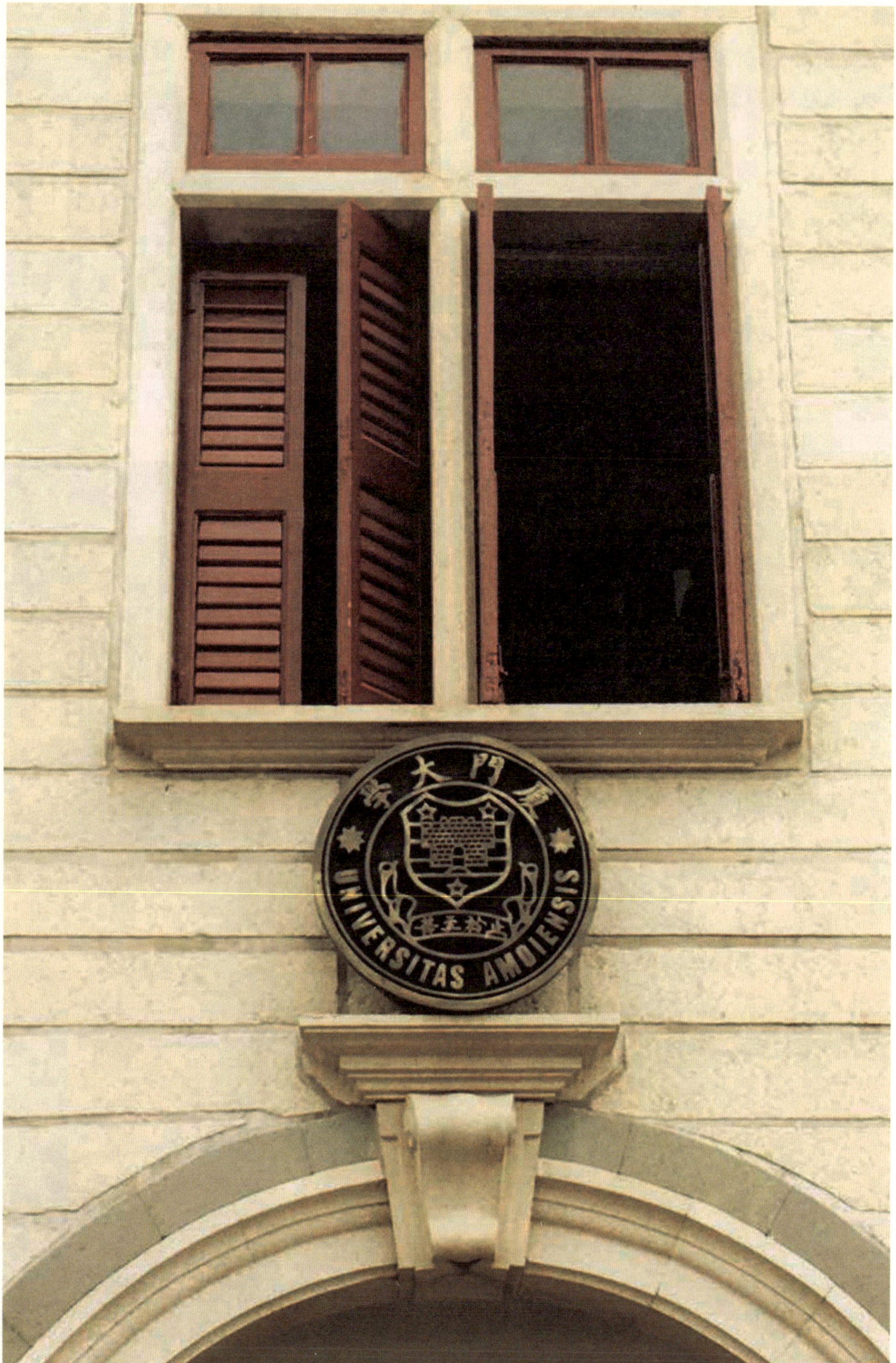
廈門大學
UNIVERSITAS AMOIENSIS
止於至善

行修缮。十年后因房屋老化，屋顶漏水，又做翻修，前面中厅部分屋面保留原有绿色琉璃瓦宫殿式大屋顶，两侧翼及集美、同安两楼则改用橙色庚瓦屋面。其次，全面更换除群贤楼中厅以外五幢大楼的砖木楼板，而为现代钢筋混凝土楼板，各开间用次梁连接，以达到抗震和不破坏外观的目的。自20世纪八九十年代至21世纪最初十余年间，校方一再对群贤楼群进行维修。

群贤楼二层曾为厦大校办所在，嘉庚楼群建成后，校办领导机构办公室迁到嘉庚主楼，群贤主楼一层辟出为校史展览馆。囊萤楼曾是福建省第一个党支部办公室，因此被列为厦门历史文化名楼。同安楼一层新辟为"厦门大学革命史展览馆"，集美楼一层六间为"近现代文学展览馆"。集美楼二层现在全部作为"鲁迅纪念馆"。2006年，群贤楼群被国务院列为"全国重点文物保护单位"，这块牌子现竖立在群贤主楼前。

20世纪五六十年代，为适应学校发展需要，校方在群贤楼群北面又新建群贤（二）、同安（二）、集美（二）公共教学大楼三座，与老群贤楼群平行，一字排列，其总体布局及建筑格调与原群贤楼群基本相同，都用橙色庚瓦屋面，朱红檐口，白色花岗岩清水外墙。主楼群贤（二）底层两端为大开间梯级教室，在教室背后、楼房底层两个侧面，又各设一个蝶形楼梯直通教室后面。这样大开间的梯级教室前后左右有多个门，集散方便，以适应当时两岸紧张局势，形成具有特定历史价值的建筑特色。

▲ 群贤楼的百页窗

▲ 教学区

注 释

[1]《南侨回忆录》，岳麓书社，1998.8，P15。

校史展览馆

21世纪初，校史展览馆设立，在群贤楼一层，共四个展厅，展示厦大九十多年的历史轨迹。展出内容有厦大建校过程及校主与历届校长的事迹等图片资料，还有不少卓有成就的校友图片介绍。如果你想全面了解厦大历史，在这里你就可以迅速进入其中。

最左边两间是第一展厅，时间是"1921—1937"年，讲述校主陈嘉庚筚路蓝缕建校过程，还有邓萃英、陈敬贤、林文庆、罗扬才等人的事迹。墙上老照片伴着投影灯，自历史深处向你凝望，厦大前世今生在沉郁的光斑里默然浮现。

第二展厅将带你走进"1937—1949"年厦大在长汀度过的激情岁月，以及回归母校的那段艰难时世。僻远山城在血与火的洗礼中如何诞生出一所"加尔各答以东第一大学"，这里到处都是答案！废墟上重建厦大、师生爱国民主运动……太多刻骨铭心的故事，留在遥远的山乡，也留在一代代厦大人的心里。斑驳的照片、简略的文字，似乎已难全面再现昔日沧桑，但乱世危时的青春情怀，精进不已的自强精神，已然竖起一座山峰，成就厦大校史的高度。

第三展厅展示的是"1949—1978"年二十九载斗转星移的历史。新中国成立后，厦大历史揭开新的篇章：建设人民的新厦大，陈嘉庚扩建厦大，理、工学院西迁龙岩，陈景润酝酿"哥德巴赫猜想"……

最右边两间是第四展厅，呈示"1978—2016"年改革开放以来厦大所取得的业绩，布局基本以展柜为主，陈列着厦大领导外访参会获赠的各地高校纪念物，还有学界先锋的学术成果。

展厅外，嘉庚铜像正后方主楼廊道外墙上，镶嵌着四块楷体镏金白色花岗岩石碑。正中底部即大名鼎鼎的"奠基石"；右边一块刻着"黄君奕住慷慨相助有益图书其谊可著　中华民国二十年六月厦门大学建立"；左边石刻为"曾君江水为尊者寿慷慨相助图书以富范畴题署用识孝思更多其义勒石缀辞　中华民国二十年六月厦门大学建立"。大墙正面乃廖公题词："发扬陈嘉庚先生爱国兴学为祖国培养人才的精神　廖承志　一九八一年三月"。

左右两侧碑刻是陈嘉庚和林文庆为感谢热心家乡教育事业的父老乡亲，为捐助者勒石留名，以示鼓励捐资办学。碑文提到的黄奕住和曾江水都是与陈嘉庚同时代的南洋富商，后均为厦大名誉校董。黄奕住早期以剃头为业，人称"剃头住"，后旅居印尼，利用一战之机，经营糖业致富。其发家后定居鼓浪屿"黄家花园"并创办实业，据说厦门的电报、电话、自来水以及中山路一带房地产等，都是他首倡创办。关于碑上记载捐助之事，有原校长林文庆亲撰之文："民国十六年间，黄奕住先生首先同情本校，慨然捐助图书费国币三万元，本校因此获益不少。除设法陆续分购中西文重要书籍凡七千几百册外，并就书内各附特别标志，留为永久纪念。"

曾江水也在新加坡一带经营橡胶业。当陈嘉庚实业受挫，厦大经费面临削减，原计划投资20万建设图书馆专用大楼的愿望难以实现。曾江水得知后，慷慨捐献18万新币，拟以其父之名曰"范畴图书馆"。后来由于资金未能及时到位，学校便将这笔迟到的捐款用于购置图书与办学经费。

从廖承志题词墙体两边的小门穿入，原有一家"厦大时光"书屋，现易为"不止书店"。"时光"已经消逝，但愿精神追求将永不止息。书店内高抵天花板的书架色泽沉著，透着若隐若现的书卷气息，在斗方之间弥散。握不住流走的光阴，挽不住远去的故人，但可以留住厦大，在这一刻。

▲ 群贤楼群间的回廊

▲ 时光书屋

▼ 不止书店

鲁迅纪念馆

▲ 鲁迅与许广平

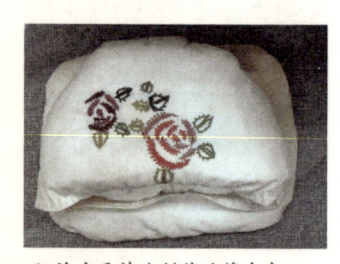

▲ 许广平特地制作的茶壶套

▲ 鲁迅使用过的木箱

　　与校史展览馆相邻，集美楼也是一个不可忽略的看点。楼外中央拱券上悬挂着一块黑色匾额，上面是郭沫若于1976年手书的"鲁迅纪念馆"五个大字。纪念馆初创于1952年11月，是国内最早唯一设于高校的鲁迅纪念馆。此处原为纪念室，1956年重新整理，增设陈列室一间，陈列鲁迅在厦门的著作和有关资料，由宋庆龄亲笔题词。1976年10月，纪念室全面整修，补充大量从全国各地征集和复制来的照片和纪念文物，增辟三间陈列室，纪念室遂改为纪念馆，采用郭沫若的题字。1981年、1996年、1999年，纪念馆三次重新调整和布置。2006年4月校方又对之进行重修，增加不少实物展品。

　　目前全馆已扩增至二楼整层六个房间，共五个展厅：第一厅简要回顾鲁迅生平及思想历程。第二厅主题是"鲁迅与厦门大学"，陈列鲁迅在厦大任教期间的六百多件文物资料，包括"1926年鲁迅在厦门大学与全体教员合影"的老照片。第三厅是"鲁迅与许广平"爱情生活的专题展馆，其中最著名的文物算是先生与许小姐分居厦门、广州时的"情书"——《两地书》（手稿复制品）。最珍贵的纪念物或是鲁迅与许广平之子周海婴先生送给本馆的一个木制行李箱，这个箱子曾经跟随鲁迅从北京到厦门，从厦门到广州，再从广州到上海。最暖心的应属许小姐为先生专门制作的一个手绣茶壶护套。据说许广平为了让鲁迅能喝上热茶，专门手制了这个茶壶套。第四厅被辟作"纪念室"，玻璃橱窗内五幅1936年

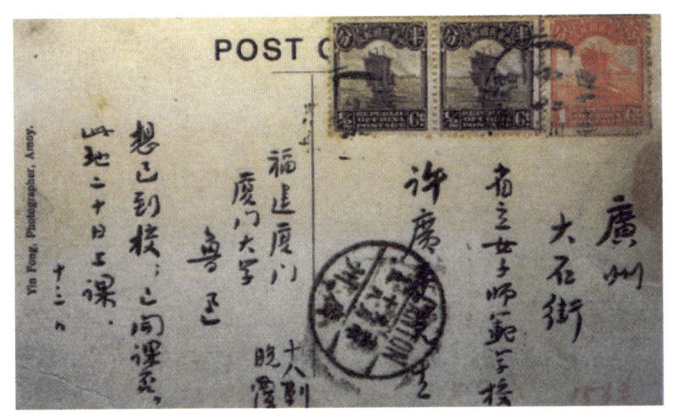

▲ 鲁迅写给许广平的明信片

▲ 前排右一为鲁迅，后排中为林语堂

鲁迅逝世后厦门文化界举行悼念活动所用挽联与挽幛，乃"镇馆之宝"。第五厅为"鲁迅故居"，室内摆设基本按鲁迅当年居住时的原貌，一张披挂白色蚊帐的简易木床，一方黑色书桌，外加两张橱柜、两把椅子，还有一口水缸。简单的家当，陈旧的色调，都在告诉我们，一切已是陈迹，这里的主人早已离去，我们眼光所触摸到的只是历史的遗痕，而要寻找的却是自己心中活泼的想象。

鲁迅为何会到厦大？用鲁迅的话说："我来厦门，虽是为了暂避军阀官僚'正人君子'们的迫害。然而小半也在休息几时，及有些准备……"[1]。1912年1月，中华民国临时政府在南京成立，鲁迅应教育总长蔡元培之约赴教育部任职，同年五月随临时政府迁往北京，任社会教育司第二科科长。此后几年，兼任北京大学、师范大学、女子师范大学国文系讲师。1924年，鲁迅到北京女子师范大学任教，1925年，因支持女师学潮而被免职。随后"三一八"惨案发生，鲁迅连写七篇檄文申斥段祺瑞政府，结果被当局列入黑名单。鲁迅在教育部任职期间，原定薪金相当丰厚。军阀混战开始，政府、高校屡屡欠薪，北大等国立大专院校也同样拖欠教员工资，因此当时鲁迅的经济状况相当不好。虽然他还有在各大高校担任讲师的收入及从事文学创作的稿费和翻译文学作品的报酬，但是一次授课的费用是十几元，稿费一次也不过几元，可谓杯水车薪。加上为母亲治病，鲁迅不得不靠借高利息债务度日。

1926年6月，厦大校长林文庆筹建国学院，欲广纳贤才。时新任厦大文科主任的林语堂两次向鲁迅发出邀请，开出400银元的丰厚月薪作为条件，聘请鲁迅为厦门大学国文系教授，并预先寄500银元作为安置费，希望他南下任教。迫于北京的政治局势及经济困窘，鲁迅决定南下："我只好离开北京，到厦门大学做教授"[2]。

◀ 集美楼鲁迅旧居

◀ 鲁迅手绘厦门大学与集美楼简图

在北京女子师范学校执教期间，鲁迅和许广平师生相恋。等到许小姐毕业，两人商量一起到南方工作，一个去广州老家，一个留在厦门，并相约两年后相见。那时，鲁迅还有一段有名无实的封建包办婚姻，鲁迅说"她（朱安）是我母亲的太太，不是我的太太。这是母亲送给我的一件礼物，我只负有一种赡养的义务，爱情是我所不知道的。"此时为势、为情所迫，鲁迅不得不做"孔雀东南飞"，对于"母亲的礼物"，他更是顾不上了。

1926年9月4日，鲁迅经过三天的行程到达厦门，然后搭乘小舢板到厦大。"因为教员住室尚未造好"，所以"暂住在国学院的陈列所空屋里，是三层楼上，眺望风景，极其合宜"。那里离海很近，海上风景令正在恋爱中的鲁迅情怀柔软，写信告诉许广平说："此地背山面海，风景佳绝，……四面几无人家，离市面约有十里，要静养倒好的"[3]。后来，由于陈列室要陈列物品而不打算陈列人，鲁迅遂于1926年9月25日搬到当时厦大图书馆——集美楼，并在这里一直住到离开厦门。他在给许广平的去信中画了一张示意图，并将自己住处做了标记。

鲁迅在给许小姐的信中多次提到，这里比先前安静，他能吃能睡，身体好起来，人也胖了。厦大美丽的环境，温煦的气候，极易烘培感情。鲁迅虽身在海滨学舍，他的思绪却时常回归江南故里，忆起儿时的"百草园"与"三味书屋"。也许远离京城的喧嚣，宁静的校园、寂寥的深宵，他的思绪可以抛到记忆的最深处，与其生命中不可忘却的亲友相逢，青年时代的"藤野先生"，留日老乡"范爱农"，这时都汇聚其笔下，抚慰他的孤单。在厦大，鲁迅笔耕不辍，留下不少文字，除了与许广平通信后来编成《两地书》之外，还有《从百草园到三味书屋》《琐记》《藤野先生》《铸剑》《写在〈坟〉后面》《范爱农》《奔月》《阿Q正传的成因》等等，其中一些散文后来编在《朝花夕拾》里，成为传世名篇。

但是以鲁迅之敏锐，他很快对这里不满了。一是周围多是语言无味者。"我在这里不大高兴的原因，首先是在周围多是语言无味的人物，令我觉得无聊"[4]。"我在这里，常有客来谈空天，弄得自己的事无暇做，这样下去，是不行的。……谁都可以直冲而入，并无可谈，而东拉西扯，坐着不走，殊讨厌也"[5]。二是这里地处偏僻，交通不便，生活条件较差，喝开水难，而且总是迁居，吃饭也时成问题，"此地风景极佳，但食物极劣，语言一字不懂"[6]。三是与校长思想不合，"这里的校长是尊孔的"，作为新文化运动的先驱人物，自然看不惯。而且学校花钱不少，小事上却不大方。四是"现代评论"派如顾颉刚等人，在此地有气候，这是最令他不爽者。总之，对这里的人物、风气，他都看不惯，"我以北京为污浊，乃至厦门，现在想来，可谓妄想，大沟不干净，小沟就干净吗？此胜于彼者，惟不欠薪水而已"[7]。

由于对厦门深感失望，连这里的自然气候和环境，他一并怨了："此地初见虽然像有趣，而其实却很单调，永是这样的山，这样的海。便是天气，永是也这样暖和；树和花草，也永是这样开着，绿着"[8]。不得已逃离京城，远离令人愤怒却也昂扬的环境，精神又沦入苦闷，"我自到此地以后，仿佛全感空虚，不再有什么意见，而且有时确也有莫明其妙的悲哀"[9]。"此地虽是海滨，背山面水，而少住几日，即觉单调"[10]。精神与物质无法兼得的苦恼，或许鲁迅此时最有体会："此间功课并不多，只六小时，二小时须编讲义，但无人可谈，寂寞极矣。为求生活之费，仆仆奔波，在北京固无费，尚有生活，今乃有费而失了生活，亦殊无聊"[11]，供职于此，鲁迅以为"其实也等于卖身，除了为了薪水之外，再没有别的什么"[12]。

虽然对厦大颇不满，但鲁迅教书毫不含糊，以他所想，至少要对得起每月数百元俸禄。为了教学需要，他编写了《中国小说史略》和《汉文学史纲要》教材。在鲁迅"单调""无

▲ 1927年1月"厦大大学生会欢送鲁迅先生大会摄影"

▲ 1927年7月向厦门大学辞职后与"泱泱社"青年合影于厦门南普陀

▲ 1927年1月"厦岛留别鲁迅先生"

▲ 1927年1月2日下午，鲁迅坐在厦门普陀山的坟前

聊"的厦大生活里，不可或缺的安慰大概就是与南边的许小姐鸿雁传书，闽粤之间船只往返的信息，此时也是他们关心的日常功课。

寓居厦大期间，鲁迅常穿灰色长布衫，入冬换成暗灰布夹袍，脚著一双黑胶底布鞋，头发也极少打理，以致理发可作为新闻告诉许小姐。据说鲁迅衣着简朴，到银行领薪给时，表明自己身份为厦门大学教授后，却遭到质疑。银行工作人员请鲁迅"先坐坐"，私下跑去拨电话，向厦门大学核实。鲁迅对自己的着装并不觉得有何异常，当地报纸采访他，说他"没有一点架子，也没有一点派头，也没有一点客气，衣服也随便，铺盖也随便，说话也不装腔作势……"，鲁迅大不以为然，"觉得很出意料之中"，并不无讥讽道："这里的教员是外国博士很多，他们看惯了那俨然模样"[13]。

鲁迅对物质生活要求并不高，只是由于口味不对，一日三餐常令他为难，以致不时用牛肉罐头和面包充饥。但是400银元一月的薪俸，还是让他的生活过得比较体面，不仅可以吃上高价面包，还可以常常淘宝买书，选购一些价格不菲的古文物拓片。自从购得"火酒炉"后，烧开水也不成问题了。一个月花十元或十二元，还可雇人照顾生活起居。

鲁迅在厦门的留影，多选择坟场为其背景，由此或可见他对人生的独特看法。鲁迅说"死者倘不埋在活人心中，那就真正死掉了。"既然逃不过被埋葬的命运，那就努力让自己成为风景。在厦大，鲁迅是一道风景，虽然他在这里停留的时间很短，影响却像海风一般深长。

注 释

[1]《两地书》（1926年）十二月廿九日，《鲁迅全集》第十一卷，人民文学出版社，1981年版，P258。
[2]《自传》，见《集外集》，《鲁迅全集》第七卷，人民文学出版社，1982，P85。
[3]《两地书》，九月四日夜，《鲁迅全集》第十一卷，P105。
[4]《两地书》，十月十五日，P152。
[5]《两地书》，十二月十二日，P241。
[6]《致许寿裳》，（1926年）八（九）月七日之夜，P480。
[7]《两地书》，十月二十三日，P169。
[8]《致韦素园、韦丛芜、李霁野》，（1926年）十月四日，《鲁迅全集》第十一卷，P484。
[9]《两地书》，十一月廿八日，P222。
[10]《致许寿裳》，十月四日，《鲁迅全集》，第十一卷，P484。
[11]《致许寿裳》，十月四日，《鲁迅全集》第十一卷，P485。
[12]《两地书》，十月十五日，P152。
[13]《两地书》，十月十六日，P157。

敬贤亭

在鲁迅纪念馆右侧后方,有一个不太起眼的小亭子,即"敬贤亭"。亭子形状是闽南特色的八角屋面,顶上铺着橙色嘉庚瓦。亭柱正面有一副对联:"敬贤敬业古今事,崇善崇德前后师",与亭名一道出自著名书法家、"中国楷书第一人"张瑞龄之手。2013年4月6日,适逢厦大92周年校庆之际,敬贤铜像安放在亭内,以纪念厦大"二校主"——陈嘉庚唯一的胞弟陈敬贤。

陈敬贤出生于1888年1月13日。其七岁时入学塾读书,九岁时生母孙氏去世,停柩家中,敬贤睡在草苫子上,伴着母亲棺木,竟有半年,乡邻无不为其孝行所感动。当时庶母对他不好,敬贤曾与姐姐相约自杀未遂。1900年,十二岁的陈敬贤得嫂嫂金戒指一只,变卖作川资,前往新加坡投奔父兄,继续求学。十六岁时,其父陈杞柏生意遇挫,陈嘉庚决意重整旗鼓。次年,敬贤辍学经商,与胞兄共同打拼南洋实业,惨淡经营,终于东山再起。二十三岁那年,敬贤回乡与王碧莲完婚,随即携眷返新加坡,不久便与乃兄同时加入同盟会。

嘉庚、敬贤兄弟都认为教育乃国之大计,他们齐心协力,共同创业办学。1912年至1913年间,陈嘉庚为创办集美小学而四处奔走,陈敬贤在新加坡日夜操劳,打理生意,效益显著。1916年,敬贤回国筹办集美学校,翌年,敬贤伉俪又协力嘉庚,创办集美女子小学。当集美师范和中学的校舍即将落成,敬贤为筹集师资,亲自到河北、山东、湖北等地,物色人选。1918年3月,集美师范和中学,开始正式招生。在开学仪式上,陈敬贤代其兄致词,并遵兄嘱亲笔题写"诚毅"二字,作为集美学校的校训。

1919年5月，陈嘉庚回国兴办教育，把海外企业全权交付敬贤管理。在当时经济不景气的状况下，敬贤主持的陈嘉庚公司不到三年，便盈利280多万元，并将多数钱款寄回厦大用于校资。这期间，敬贤夜以继日，以致感染痢疾，患上咯血症及胃病，于1922年春回厦养病，并被推举为厦门大学董事，主持校政。

陈嘉庚、陈敬贤手足情深，他们自1906年共同创业以来，从未分家。1919年陈嘉庚公司成立，实是陈氏兄弟共有，只是敬贤为人孝悌谦让，主张公司用陈嘉庚的名号，自己只做股东。陈嘉庚创办厦大所捐款项实际上属于两人所有。

董事会成立后，陈敬贤由于病魔缠身，厦大校务实由林文庆一人主持。1931年，陈嘉庚公司被迫改组为股份有限公司。陈嘉庚要求陈敬贤到鼓浪屿英国领事馆签署授权书，将其名下所有股份，包括在新加坡的动产、不动产全数交给陈嘉庚处理，并入其有限公司。他没有直接告知陈敬贤，而是让林文庆转达。陈嘉庚这样做难免使陈敬贤产生想法，但陈敬贤还是依陈嘉庚吩咐，把所有在自己名下的财产都交出去。其夫人王碧莲问他以后怎么生活？敬贤笑着说只要"陈嘉庚"三个字仍抬得起来，还愁没有饭吃？可见在陈敬贤心中，他与"陈嘉庚"不分彼此，维护陈嘉庚就是维护他自己。

1933年冬，身体欠佳的陈敬贤决定辞去公务，遍游名山大川，先后到福州鼓山、杭州招贤寺、浙江天目山、泉州开元寺等地，断荤茹素，虔诵经藏，写诗作文，专心研究佛理。陈嘉庚企业收盘后，敬贤体谅兄长的困难，主动提出停止给他汇款供费，用自己囊中的余款节俭度日。1936年初，当敬贤云游至杭州城隍山时，不幸郁气攻心、爆发唇疗，后又遭庸医误诊，遂于1月20日与世长辞，享年49岁。其去世时，妻儿均不在身边，身上只剩一块银元和几枚银毫。

旧梦寻踪

萨本栋伉俪墓
鲁迅塑像
罗扬才纪念碑
人类博物馆

萨本栋伉俪墓

▲ 郑朝宗撰《萨公颂》

　　从下弦场前行，在成智楼长长的石阶以东，有一段石桥，桥畔东边是鲁迅广场，桥西林木深处，隐藏着一座墓园，那是厦大改为国立之后第一任校长萨本栋与其夫人之墓。墓园落成于1991年3月，墓碑上镶嵌已故校长萨本栋先生的浮雕铜像，头像下是一帧萨校长与夫人黄淑慎的合影。墓后假山石上镌刻着郑朝宗教授撰写的碑文《萨公颂》。

　　萨本栋，1902年7月24日出生于福建闽侯（今福州），字亚栋，号仁杰，祖籍山西雁门（代县）。其先祖为来自西域的色目人（后被蒙古族同化）。他是元代诗人萨都剌的后裔，清末民初海军名将萨镇冰的侄孙。萨都剌在元代至元年间到福建任闽县知事，因功赐姓氏。萨本栋六岁入福州明伦小学，"颖悟绝人，能为群儿率"。后又在福州三牧坊学堂读书，1913年毕业后一举考中北京清华学校。1921年以优异成绩毕业，旋即派往美国，入斯坦福大学学习机械，1924年获学士学位。后转入麻省华尔斯特工学院（一译为伍斯特工学院），次年获电机工程师学位，转习物理。1927年获理学博士学位，为华尔斯特工学院聘为研究助理，也应聘美国西屋电机制造公司工程师。曾先后在美国著名科技刊物上发表论文，二十五六岁已蜚声美国科技界。1928年回国，应清华大学物理系主任叶企孙聘请，任物理学教授，讲授普通物理学、电磁学和无线电物理。在教学过程中，萨本栋根据中国大学生特点，自编教材《普通物理学》（上下册）、《普通物理实验》，两书分别于1933年、1935年出版后，即被国内各大学选用，为国内首次用中文正式出版的物理学教材，迅速取代以往流行的英文教科书，得到中国教育界的普遍赞誉，对我国大学物理教学影响至为深远。除此之外，萨本栋还指导理科研究所物理部研究生，及从事电路、电机工程和无线电的研究，创造性地将并矢方法和数学中的复矢量应用于解决三相电路问题，并发表十几篇相关研究论文，受到物理学界的普遍关注。鉴于萨本栋极高的学术造诣及其所取得突出成绩，清华大学教授会推举其为评议员，参与学术问题和重大校务的决策。

　　1935年9月，应俄亥俄大学聘请，萨本栋再度赴美任访问学者。在此期间，他在美国电气工程师学会学报（Trans·AIEE）上发表《应用于三相电路的并矢代数》，在美国科技界引起强烈反响，被认为开拓了电机工程的一个新研究领域，获得美国"1937年度理论研究最佳文章荣誉奖"。1937年3月萨本栋载誉回国，继续在母校清华任教。此时可能他没有料到，四个月后他会临危受命，离京南下，踏上一条坎坷之路。

1937年7月1日，厦大由私立改为国立。因陈嘉庚希望由闽籍人治校，国民政府曾考虑《落花生》作者许地山出任校长，或由林文庆校长继任，但最终还是选中萨本栋，并征求其意见。此时萨本栋已在清华大学当教授八年，作为国内外知名教授、物理学家、数学家、电机工程师，其事业正方兴未艾，前途无量，接任大学校长则意味着要把许多时间精力用于行政事务，但他为陈嘉庚先生毁家兴学精神所感动，同意就任厦大校长，只是提出以两年为期。

萨本栋校长有远见卓识，能审时度势，以高度的责任感、使命感，以及顽强的毅力、坚韧不拔的信念和超强的工作能力，在闽西山城开疆拓土，尽可能为师生创造良好的学习和生活环境，不仅保全厦大并使之发展壮大。内迁初期，萨本栋亲自修葺、督造新校舍，文庙、万寿宫（明末皇嗣之行宫）、衙署、祠堂、旧监狱、救济院统统因陋就简地被改造成图书馆、实验室、运动场或宿舍。当时长汀全城无电，萨本栋竟拆下学校分配给他的"校长座车"发动机，在校内架设输电线供电。为了让师生们尽可能吃好饭，萨校长派人到产粮区采购大米、黄豆，自制豆腐、糙米饭。早餐每人一勺黄豆或腌菜、萝卜干，中餐一盘水煮青菜，平常配菜只有芥菜、山芋、萝卜、"铁板"（海带）和"钢管"（空心菜），偶有肉片。穿着方面，师生皆提倡朴素。萨校长本人终年只穿布质中山装，脚上是晴雨兼用旧皮鞋，有时穿着力士牌球鞋四处奔波，被学生误认为是校内工友。住宿方面，十多个至二十人的集体宿舍拥挤不堪，萨校长一家数口则挤在仓颉庙的简陋平房。尽管生活条件艰苦，师生向学劲头十足。不少学生甚至千里迢迢、跋山涉水慕名而来，以能考上厦大为荣。

转眼五年过去了，当厦大蒸蒸日上，萨校长却耗尽其心血。刚来厦大时容光焕发、气度不凡的萨校长，后来却衰弱到身躯佝偻，扶杖而行。山城的湿气让他得了风湿症；战时物质匮乏，营养不足，或因忙于公务，未能按时吃饭，让他患上胃病。校医曾劝他到长汀某处温泉区疗养，被他拒绝了。岂知萨本栋当年可是清华网球健将，英姿勃发。他的

▲ 萨本栋夫妇与孩子

▲ 三十年代清华大学一代精英，右二萨本栋

▲ 亦玄馆前的萨公本栋像

第一部分 海之北 | 043

学生回忆说："1929年冰心结婚时，萨校长是男傧相，从照片上足以见其潇洒风貌。但到1943年，朋友再见到他时，体力竟衰竭到面色苍白，弯腰驼背，拄着拐杖！他是'0型代课老师'，他腰椎有疾，校医甚至做了件铁马甲帮助撑腰上课。"在课堂上，他不慎拐杖落地，却无法拾起，学生目击无不为之动容。在战争年代，本着对国家民族之强烈的使命感，"须一身兼负二人之重任，一日急就二日之操作"的萨校长为厦大几乎耗尽他所有精力。

在学生眼中，萨校长永远是一座仰之弥高的山，稳重坚定，给人以依靠，给人以力量，给人以信念。学生们为他起了一个雅号："杀不动"。在厦大，他是学生的保护神。国内革命战争时期，经济系1943级某女生思想进步且学习优异，深受萨校长器重。有一次国民党特务要来抓她，"杀不动"挡住说："这个学生，书念得很好，只是长得比较丑，找不到对象，思想苦闷，不是什么'左'倾。"日寇战机常空袭山城，警报一响，萨校长总是第一个冲入教室，组织学生疏散躲进防空洞，自己最后才进去。

当国人对本民族妄自菲薄或洋人轻视我民族时，萨本栋坚决捍卫民族尊严。1938年3月29日，长汀各界在中山公园纪念"广州黄花岗七十二烈士"，保安团团长说"福建汉奸很多"，萨本栋立刻反驳："福建虽然有个别汉奸走狗败类，但更多的是民族英雄，历史上赫赫有名的郑成功、林则徐是福建人，黄花岗七十二烈士中林觉民、方声洞、陈更新也都是福建人。……"在《勖勉同学词》中，他说："不要因为韩复榘而小看了我国抗战的军人；不要因为汤尔和而骂尽所有留日学生；不要因为郑孝胥而怀疑个个福建人；也不要因为傀儡剧演员中，有些受过高等教育的人们，就自毁敌人视为眼中针而方在萌芽的我国高等教育。"曾有英国学者来厦大讲学，看到长汀校舍简陋，便在送别酒会上以强国学者自居："此之谓东南最佳大学耶，竟居此蕞尔小县！这等设备，真不抵我英伦三岛之中小学校！"萨本栋义正词严："中国的李白、杜甫如彗星经天之日，英伦还是中世纪蒙昧蛮荒之时！中国李时珍写下《本草纲目》之际，达尔文之乃父乃祖不知竟在何处！""中华文明曾经震惊世界，没有中国远古的三大发明，也决不会有不列颠帝国的近代产业革命！"

萨本栋在受命之初，就想办一所真正的大学。原本两年到期他可以撒手而去，可是他不愿半途而废，也不忍弃厦大于不顾，埋头就是近八年。其间，萨校长遇到无数难关，都被他以超乎寻常的意志、能力克服。据说当他遇到难题，则虚心求教清华老校长梅贻琦，按清华的标准治理厦大。

萨本栋的教育思想始终贯穿着爱国重教的核心内容，中西兼融，知行合一，注重素质培养，提倡理论联系实际，强调教学与科研并重。其思想来

◀ 长汀国立厦门大学校门

源既有中国传统文化之"济善""务本"的为人准则,也秉承中国社会历史背景之"教育救国""科技救国"的爱国情怀,这些又与其个人独特的生活和学习经历以及家族传统文化的熏陶有关,甚至可见美国"文理渗透"及"民主管理,社会服务"的教育理念,同时也受到梅贻琦、叶企孙及陈嘉庚等人教育思想之影响。

萨本栋夫人黄淑慎毕业于北京师范大学,昔称"体育健将""标枪能手"。虽然当时厦大亟需女生体育指导员,但学校为防裙带关系,规定亲属不得同在本校工作,所以她只任义务体育指导,不领薪酬和津贴。萨校长堂弟萨师煊说:"他在厦门大学当了七年校长,除初去时带了一个亲戚当秘书外,没有再引用我们家里一个亲人。在招生上,他也是坚持原则,不徇私情。我们家中有几个堂弟、妹多次投考厦门大学,因分数不够,照样未被录取。"萨本栋还坚持严格的入学制度,不畏强权威逼利诱,杜绝走后门。据说,国民党某将军欲将其马尾造船厂全套机械设备无偿奉送,以换其儿子入学资格,却在萨校长那里吃了闭门羹。

1944年,萨本栋应邀赴美讲学兼治病。由于身体不适,三度请求辞职,直到1945年才获准。卸任前,师生集体编歌送别:"淑慎,请一定把他带回来"!可是萨校长再也没有回来,他的病被医生确诊为胃癌晚期。1949年1月31日,年仅47岁的萨本栋在美国旧金山与世长辞。临终前,他还对医生阐述他的科技设想,可惜医生听不懂也无法转达其科学理念。弥留之际,萨校长仍心系厦大以及他的清华母校和他后来供职的中央研究院。他留下遗嘱:其死后将尸体检验,以研究他的胃癌,关节炎及其他所有症状,"可将他的身体上的器官及组织,尽照所需份量取出"。其次,愿将他的骨灰,令其夫人带回中国,分发三处 一、献给清华大学,"因为他是由清华训练出来的,且在那里有许多热爱他的朋友";二、献给厦门大学;三、送给南京中央研究院。"以上三处如果都愿意接受,则可将骨灰分三份,他也同意"[1]。萨校长逝世后,其尸体遵嘱被解剖。据说其脑部特别发达,比常人重300克。其骨灰也由萨夫人带回中国。因厦大当局请求全部接受,不再分赠清华及中研院,而全部落葬在厦大校内这个墓园。最初墓园应该比较简易,1991年又做了重新修缮。

长汀七年,萨本栋作为全国最年轻的校长,他当时所遇到的艰难无人可比,他所创立的业绩无人可比,他的人格魅力也是无人可比。在厦大最困难之时,他以身作则,不畏艰难,勇于担当,真正体现"自强不息,止于至善"的大学精神。他的身上有蒙族的血性涌动,有先辈的热血灌注,有福州三坊七巷里流传的文化基因,有清华名校承袭的优良学风,更有那个时代正直知识分子所有的道义和良知,他本身就是精英教育的典型。其短暂的四十余载年华,浓缩成最精粹的人生,胜过许多庸碌而冗长的生命。

海天苍苍,云水茫茫。当日寇铁蹄肆意践踏九州大地,抗日烽火绵延不绝之时,险遭覆灭的厦大竟然弦歌再起,成为青年学子的精神家园。内迁长汀的八年创造出"南方之强"的奇迹,那个被称为"杀不动"的校长,在中国教育史上划下一道光辉足迹,在厦大校史上树立起一座丰碑,让你不能不肃然仰望!

注 释

[1]《厦大校史资料》第二辑,P37 – 37。

鲁迅塑像

　　萨本栋墓园右侧是小巧而精致的鲁迅广场，一座高3.2米的白色花岗岩鲁迅雕像站立在广场中央。1984年，为了厦大人不能忘却的纪念，由"鸟书"设计者李维祀教授创作了这尊塑像。

　　鲁迅给厦大留下的影像和精神，凝固成一尊石雕，等待来访者瞻仰先生落寞的表情和孤傲的眼神。

　　鲁迅在厦大的工作除了编辑讲义、授课之外，尤其关心青年文学创作，曾指导学生创办"泱泱社"与"鼓浪社"，他亲自负责审阅、改稿、撰写并编印。有一次，他看到一个名叫陈梦韶的青年学生根据《红楼梦》改编的剧本《绛洞花主》，大为赞赏，就主动联系出版社，并为之写"小引"。他鼓励作者："青年人学习写作，只要尽其我，人家笑不笑，哪有闲工夫去管他。成人是从小孩变来的，成熟作品是从幼稚作品练习来的。小孩不因自己幼稚而害羞，你们青年人何必因自己写作幼稚而怕羞呢？"

　　"横眉冷对千夫指，俯首甘为孺子牛"的鲁迅，虽然对青年不无失望，对于厦大学生，他却认为"都很沉静"，"学生对我尤好"。学生们怕鲁迅在此住不惯，几个本地人，甚至星期六不回家，预备星期日鲁迅若往市上去玩，他们好陪同当翻译。为学生的热情所感动，鲁迅表示"只要没有大下不去的事，我总想在此至少讲一年，否则，我也许早跑到广州或上海去了"。没想到，他还是很快就走了。

　　鲁迅为何离开厦大？简言之，一是生活环境不适应，二是人文环境不满意。按鲁迅的说法，他在厦大"约有半年，和校长以及别的几个教授冲突了，便到广州，在中山大学做了教务长兼文科教授"[1]。本来鲁迅南下就是为了远避北京局势，又不得不为厦大高薪而心动。谁知到此之后，似乎处处扞格，颇不适意，即使这里"风景佳绝"，香蕉味美可吃，又能治便秘，但是"无聊"之于素有斗志的鲁迅来说，确实也是折磨，何况"此地空气恶劣，当然不愿久居"[2]。"这里无须用功，也不是用功的地方。国学院也无非装门面，不要实际"[3]。他失望了："这里的惰气，是积四五年之久而弥漫的，现在有些学生们想借我的四个月的魔力来打破它，我看不过是一个幻想"[4]。尽管鲁迅与文科主任林语堂私交甚好，但他与提倡尊孔读经的林文庆校长不投缘，对理科主任刘树杞掌握财权，培植理科、挤压文科、克扣文科经费，并三次要他迁移住所等行为尤其不满。1927年1月，鲁迅终于忍受不了文理科教授们无休止的攻击与争吵，收拾行囊，决意前往广州，到中山大学任教。1927年1月6日，厦大学生为鲁迅举行盛大的送别会，表达惜别之情："知存海内，天涯若邻。再来有期，第视天缘"。厦大女生同学会集体赠诗，感慨"羊城人喜来仙侣，鹭屿偏难系凤凰。相留无计，第愿永不相忘"。

1927年1月15日，鲁迅登上"苏州号"轮船，前往广州。离开厦门后，鲁迅还在反刍这个地方留给他的滋味："记得还是去年躲在厦门岛上的时候，因为太讨人厌了，终于得到'敬鬼神而远之'式的待遇，被供在图书馆楼上的一间屋子里。白天还有馆员，钉书匠，阅书的学生，夜九时后，一切星散，一所很大的洋楼里，除我以外，没有别人。我沉静下去了。寂静浓到如酒，令人微醺。望后窗外骨立的乱山中许多白点，是丛冢；一粒深黄色火，是南普陀寺的琉璃灯。前面则海天微茫，黑絮一般的夜色简直似乎要扑到心坎里。我靠了石栏远眺，听得自己的心音，四远还仿佛有无量悲哀，苦恼，零落，死灭，都杂入这寂静中，使它变成药酒，加色，加味，加香。这时，我曾经想要写，但是不能写，无从写。这也就是我所谓'当我沉默着的时候，我觉得充实，我将开口，同时感到空虚'"[5]。

厦大仅是鲁迅匆匆路过的驿站。鲁迅在厦大不到半年光景，却给厦大留下永久的回忆。尽管鲁迅不喜欢厦大，厦大却一直将他记在心中，还为他建立了一座纪念馆——全国大学中唯一的鲁迅纪念馆。如今大师的踪影依然无处不在：从厦大校门的题字，到鲁迅广场、花岗岩雕塑，连《厦门大学报》副刊"波艇"和中文系文学刊物《鼓浪》，都沿袭鲁迅当初帮助学生创办文学刊物的刊名。除了战乱和"文革"，《鼓浪》作为不定期的综合性文学刊物，从未间断。"鼓浪"文学社作为全校历史最长、影响最深远的学生社团，更是受到一代代校内名师的指点，也受到冰心等全国名家的关怀。2000年、2004年，"鼓浪"先后两次被评为全国十佳校园文学社团、文学刊物。

作为厦门大学人文氛围的一种依托，一个载体，鲁迅已成为一个文化符号。大约自20世纪90年代开始，鲁迅广场还是"英语角"和"中文角"所在地。每周二、日晚上都汇集着来自世界各国各色人种，到此畅谈交友，学习外语。有时候，吉他歌手也在此卖唱，塑料水桶里点上蜡烛，吟唱一些不知名的歌。他们围绕在鲁迅身旁，或许能排遣先生的"无聊""寂寞"与"单调"？

注　释
[1]《自传》，见《集外集》，《鲁迅全集》第七卷，P85。
[2]《两地书》，十一月十五日，P199。
[3]《两地书》，十一月十八日，P204。
[4]《两地书》，（1927年）一月六日，P269。
[5]《怎么写》，本篇最初发表于一九二七年十月十日北京《莽原》半月刊第十八、十九期合刊，后收入《三闲集》，见《鲁迅全集》第四卷，人民文学出版社，1982年，P18。

罗扬才纪念碑

鲁迅广场旁边有一道红色风景——"烈士园",即罗扬才烈士陵园。"烈士园"三字出自陈翰笙之手。

1905年,罗扬才生于广东省大埔县枫朗乡坎下村一个贫苦农民家庭。因幼年家境贫困,他不得已投奔在福建漳州的叔父,后考上省立漳州市第二师范学校。1921年3月,罗扬才转学到集美学校师范部插班学习。1924年毕业后,他顺利考入厦门大学预科班,一年后升入教育系进修。就在这一年,他开始积极参加学生会领导工作。

1925年,上海发生震惊中外的"五卅"惨案。6月6日,厦门市各界召开声援大会,地点选在厦门大学演武运动场。罗扬才作为厦大学生代表发表演讲,愤怒谴责英日侵略者。随后,一系列示威游行、罢工罢课活动在他的组织下,轰轰烈烈地展开。厦门海员、邮电工人、码头苦力、洋务职员等纷纷被召集一起,坚决抵制英、日货品。同年11月,罗扬才加入中国共产党,成为厦门第一个党员。1926年2月,罗扬才与李觉民、罗秋天共同组建中共厦门大学党支部,这也是福建省第一个支部。罗扬才担任党支部书记。同年7月,国民革命军出师北伐。为迎接入闽的北伐军,罗扬才在厦门工人中掀起"罢山罢海"斗争。1927年1月24日,厦门总工会在革命高潮中诞生,罗扬才任委员长。在此期间,罗扬才与鲁迅成为战斗盟友。虽然学生工作繁忙,但罗扬才仍然坚持听鲁迅讲课,还不时登门拜访。

▲ 厦大碑林一角

　　1927年4月9日，反革命政变爆发，国民党反动派出兵包围厦门总工会，罗扬才不幸被捕。当天下午，以码头工人为首的各工会代表三百余人冒雨在海军司令部门前游行请愿。党组织虽多次进行营救，均以失败告终。6月2日，罗扬才烈士高唱《国际歌》走上刑台，在福州英勇就义。

　　罗扬才一生仅有短暂的22年，却以厦门四个"第一"的荣耀被后人缅怀：厦门市第一位革命烈士；厦门市第一位共产党员；厦门市第一位共产党支部书记；厦门市第一位总工会委员长。为了纪念他，厦大在囊萤楼设立了"福建省第一个党组织、中共厦门大学支部暨罗扬才烈士纪念堂"。

　　世间风景千般翻卷过后，总有一种精神琥珀般固结成一段追思。烈士，一个超越时间的精神概念。时间荡涤着一切，留下精神。当历史的记忆嵌入石块，光阴和激情仿佛已凝成永恒。为勖勉后生，校方有意在烈士园附近，辟出一块"碑林"。

　　毗邻罗扬才纪念碑，在丛林掩映中，隐藏着许多名人的摩崖石刻。这些石刻是1981年校庆60周年时各界名家馈赠的书法作品，内容多是勉励学子的箴言短语，其中有方毅、楚图南、赵朴初等人的题词题诗。这些书家学人如今已相继离世，他们的寄语刻在石碑上，成为永久的激励。

第一部分　海之北 | 049

人类博物馆

　　站在鲁迅广场，抬眼即可望见一栋三层楼的花岗岩建筑在花木中隐现，其大门右侧有一尊造型怪异、长鼻大眼的青铜雕像——以三星堆出土面具为造型的浮雕，那里就是厦大人类博物馆。这是全国高校中第一所人类博物馆，也是福建省第一家人类博物馆。拱门上方牌匾"厦门大学人类博物馆"几个大字出自徐悲鸿之手。

　　这座楼原名博学楼，建于1923年，早期为学生宿舍。1938年5月，厦门沦陷之后，厦大被日寇据为军营，大部分校舍被日军拆毁，博学楼也遭到破坏。抗战胜利，厦大从长汀迁回原址后，不得不对之进行修复。1953年，博物馆设立于此。

　　一座学生宿舍楼如何变为博物馆？这还得从博物馆从何而来说起，而博物馆之由来又与一个人密切相关。

　　博物馆入口处有一青铜雕像，乃厦大特邀上海知名雕塑家所作，以纪念著名人类学家、考古学家、民俗学家、民间文艺理论家、厦大人类博物馆第一任馆长，也是博物馆的创立者——林惠祥教授。林教授主要从事东南亚和中国东南地区考古发掘和民族调查研究，他是中国大陆对台湾高山族最早进行调查研究的学者。

　　1901年6月1日，林惠祥出生于福建晋江县蚶江古镇的一个小商人之家。其自幼聪颖好学，九岁入私塾即能熟读诗文，特别着迷于大人所说的神话传说。1912年，他以第一名成绩考入福州东瀛学堂。毕业后，因财力不济，在家自学古文，到私塾补习英文。经过两年刻苦自修，其中英文均已达到中学毕业程度，还能翻译英文小说。林惠祥的曾祖父林宽宝最早从蚶江到台湾鹿港从事航海经商，因此起家。至父亲林敏方时，家道已衰落，在台湾经营小商业。1919年，惠祥跟随父亲到台湾，在台北为一富商记账，后又转赴菲律宾，在一家米厂担任书记员，工余仍坚持自学。

1921年厦大成立，林惠祥立即回国报考，但因考期已过，只好参加补考。又因数理科不合格，只能当旁听生。林惠祥极为珍惜这个机会，学习很用功，先后两次获甲等奖学金。第一学期结束，因其成绩优秀，被转为特别生。第一学年结束，其数学补考合格，录取为正式生，在历史社会学系读本科。1926年，林惠祥成为厦大第一届毕业生，也是文科唯一毕业生，留校任预科教员一年。越年秋天，考入菲律宾大学研究院人类学系，师从美国知名学者拜耶教授，仅一年时间就拿到人类学硕士学位。学成归来，他起初在南京中央研究院任职，1931年"九一八"后，林惠祥举家从北平回到母校任教，渐由副教授升至教授，并担任历史社会学系主任，致力于人类学研究，尤其倾心史前时代与原始民族的研究，数年间撰写了《文化人类学》《神话论》《世界人种志》《中国民族史》等著作。其《文化人类学》《中国民族史》和《台湾番族之原始文化》等书，皆具有长期而广泛的影响力。

▲ 林惠祥

林惠祥从中央研究院回到母校教授人类学课程，为配合教学需要，他在厦大附近顶澳仔住处建立人类学文物标本陈列室。1934年，在这个陈列室基础上，他又成立私立厦门人类博物馆筹备处，主要发掘、收集、整理我国东南地区和东南亚的考古文物和民族文物标本，作为厦大师生教学参考，也向校外人士开放。

作为中国最早研究台湾省高山族（时称番族）的学者，林惠祥曾先后两次冒险赴台进行文化考察。第一次是1929年，林惠祥化名林石仁，假扮商人深入日本占据下的台湾。因被日本警察跟踪，只停留两个月。1935年暑假，他在厦大任教时，又化名林淡墨，第二次赴台，结果又被日本警察监视，只停留两个星期。但是两次调查都收获很大，他把在台北基隆圆山发现的新石器，及高山族地区搜集的民族文物，都带回大陆，分别收藏于南京博物院和厦大人类博物馆。

抗战爆发，林惠祥携带收集来的珍贵文物，举家迁往南洋避难。新加坡沦陷后，他拒绝为日本人办事，生活极为艰难。为避免日本人纠缠，他甚至逃到偏远山区隐姓埋名，靠种植为生。买不起火柴，他就效法"燧人氏"敲石取火；吃不起米面，就甘当"先民"自种木薯。即使用草绳勒紧裤腰带，他也不愿变卖一件文物。1947年，林惠祥从新加坡回国，当年带出去的文物不仅完璧归赵，还增加不少南洋文物。

厦门解放后不久，林惠祥向厦大军代表提议设立厦大人类博物馆，并表示愿将自己辛勤搜罗、珍藏的文物、图书数千号（每号一件或数十件）全部捐献学校。但是当时东南沿海局势紧张，其建议被搁置。1951年，王亚南为厦大校长，林惠祥再次向学校提出设馆建议，王校长欣然同意，即于当年4月间呈报华东教育部，年底得到中央人民政府高教部批准。第二年春天，厦大成立筹备处。经过一年的准备，1953年3月16日，厦门大学人类博物馆正式开馆，时任中央美术学院院长的徐悲鸿为博物馆题字[1]。

　　林惠祥一手创办人类博物馆，并视之如己命。初期馆内只有三人，每月经费七十多元。林惠祥自掏腰包添购文物，以致家中有时穷得揭不开锅，连买菜都要赊欠。为了节省经费，博物馆内的模型、展柜几乎都是由林惠祥自行设计、监制。馆内有一尊爪哇猿人模型，就是他对着镜子既当模特又当雕塑师，一人完成的杰作！在雕塑这尊猿人时，他脱掉上衣，对着镜子手持木棒，张着大嘴，模仿猿人的样子，使劲让肌肉隆起，再亲自动手塑造模型。他还把家中用具挪到馆中供办公使用，利用废纸作稿纸，并常对馆员说："我们应当一个钱当两个用，少用钱，多工作"。为节约开支，他出差从不坐软卧，只住三四人一间的小客店。由于他对工作极端投入，甚至舍家忘我，达到疯狂程度，人们戏称之"林疯子"。为了进一步丰富人类博物馆陈列内容，林惠祥除了亲自和技术人员一道，塑造原始社会与古人类大模型，编写人类博物馆陈列品说明书，还利用考古发现、民族调查、社会搜集及购置等各种途径，不断增添收藏品。

　　厦大人类博物馆最初是设在生物馆三楼，后来博物馆藏品逐步增多，规模也不断扩大，馆舍就迁到博学楼，从而拥有两层36间陈列室。2005年9月厦大对人类博物馆进行修缮并重新布展。2006年厦大85年校庆期间，整修一新的厦大人类博物馆重新开馆，展出精选的藏品900多件。修缮后的厦大人类博物馆面积有2400多平方米，共有七个展室和一个碑廊。博物馆展品主要分四大板块，一是从"旧石器时代"到元明清的历代文物；二是东南少数民族代表性文物；三是东南亚文物；四是中国民间文物。碑廊展品有两部分内容，一是宋元时期泉州伊斯兰墓碑；二是台湾民间信仰神像。

　　博物馆收藏的珍贵文物有一万多件，另有20世纪50年代前的图书资料一万多册，包括各种石器时代的出土工具、武器、货币、雕塑，还有古瓷、字画、书法作品、少数民族文物、泉州大海船模型等等，包罗万象。其中台湾高山族的贝珠衣、双联杯和独木舟、刀枪等，都极具民族特色。许多涉台文物及东南亚旧石器标本等藏品，即使在国家博物

▲ 林惠祥模仿猿人姿态制作猿人模型

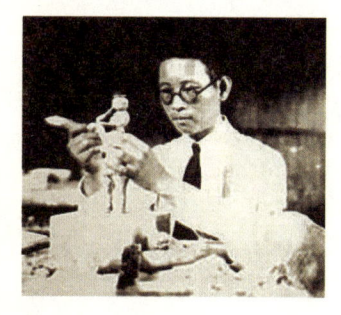

▲ 林惠祥在制作台湾少数名族人像模型

▲ 人类博物馆从猿到人进化模型　　　　　▲ 厦门大学人类博物馆徽标

馆中都极为少见。博物馆的"镇馆之宝"是一张"清初彩绘台湾地图"。这是大陆现存最早的手工绘制地图，时间在乾隆五十二年之前，由清政府绘制。其实用性强，史料价值和文物价值皆极高。这张地图是林惠祥于1950年在厦门购得，现已被列为国家一级文物。

博物馆中800多件台湾史前文物和民族文物基本上是林惠祥在台湾收集而来，尤其史前文物具有极高的学术价值，台湾原住民文物也极为丰富。在史前文物中，台湾圆山遗址文物是在大陆仅能看到的一批台湾新石器时代的珍稀文物，可以证明台湾自古是中国不可分割的部分。因此，有人认为，这是大陆珍藏台湾文物数量最丰富，内容最权威，品质最完好的博物馆，至今没有一家博物馆可以超越[2]。

厦大人类博物馆建立过程及馆内收藏品，都浸透着林惠祥的诸多心力，以致有人说"陈嘉庚倾资办学，林惠祥倾资办馆，均为时人所敬仰"[3]。

1956年10月，林惠祥被诊断有严重高血压，但他仍带病工作。1958年2月13日凌晨，他因突发脑溢血，不幸逝世。他的骨灰安葬在厦大水库西南侧的山坡上。这个水库也就是现在的厦大"情人谷"。沿着栖云路前行，距水库约四五十米处南边，有阶梯直抵山上。林惠祥墓兀立在宁静的山中，世俗喧嚣已然远逝，惟有白云清风陪伴着先生，行走于天地之间。

一个人走了，留下一栋楼——一个博物馆，楼中凝聚着他收藏的心血，也回荡着他的精神。

注　释

[1] 徐悲鸿与林惠祥相识于1939年，当时林惠祥避难新加坡，徐悲鸿到新加坡举办画展，支持抗战，林惠祥撰文予以宣传，两人由此结下友谊。厦大人类博物馆开馆，徐悲鸿不仅为之题写馆名，而且寄赠《白雄鸡图》和"观乎人文以化成天下"条幅，继之又赠以《八十七神仙卷》（临摹）及齐白石《五蟹图》作为馆藏。数月后徐悲鸿病逝，这些书画遂成为厦大人类博物馆珍贵的收藏品。
[2] 参见《芙蓉湖畔忆"三林"：林文庆、林语堂、林惠祥的厦大岁月》，林坚著，厦门大学出版社，2011年，P242。
[3] 《先生遗愿终成现实》，《厦门日报》，2006年3月28日。转引自《芙蓉湖畔忆"三林"》P245。

临风凭海

建南楼群
建南大会堂
上弦场
李光前塑像
城垣遗址
厦大钟声

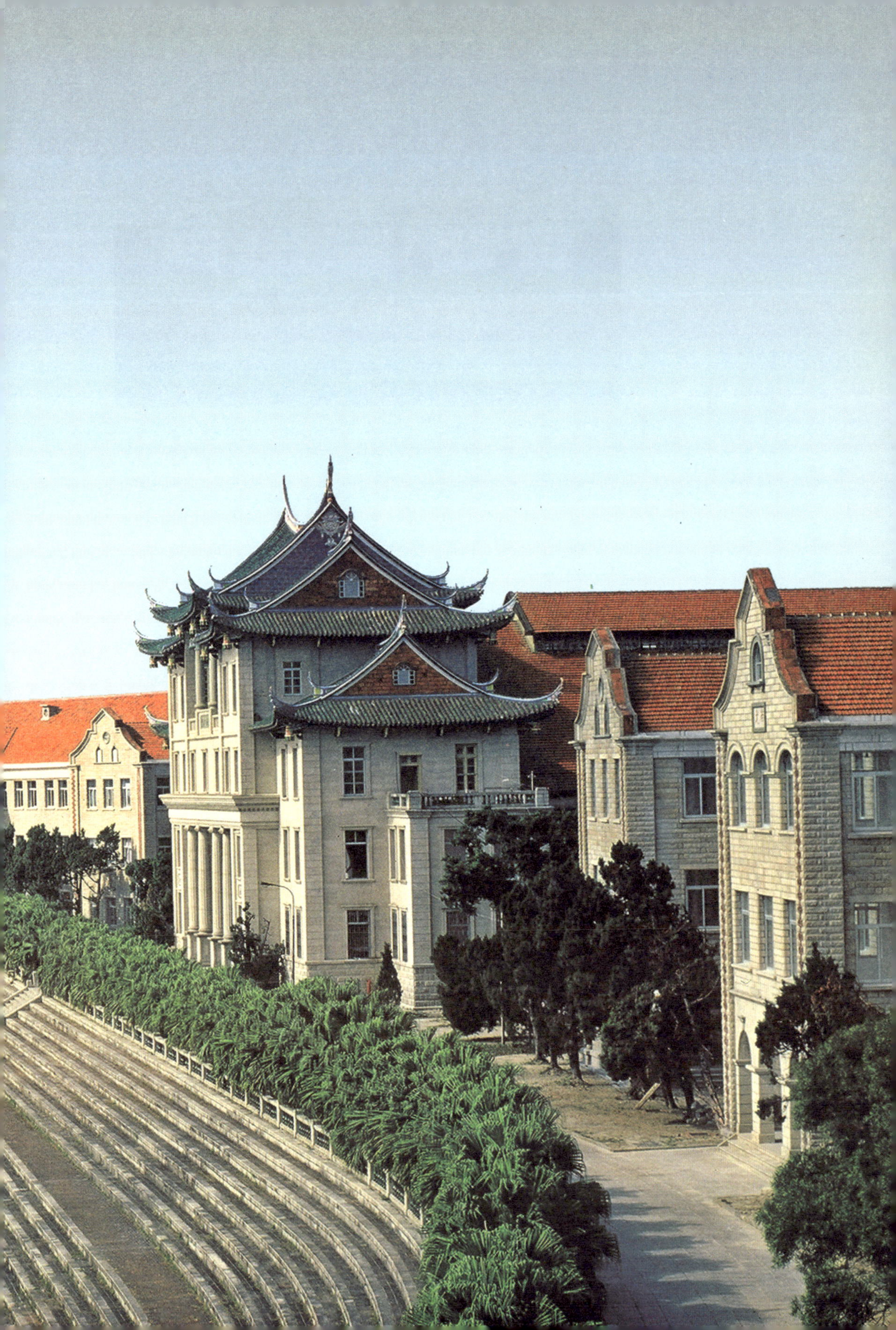

建南楼群

▶ 成智楼

　　循着鲁迅广场的斜坡移步，来到号称"厦大最美的杰作"——建南楼群。四季常青的棕榈、蒲葵伴着"一主四从"的五幢花岗岩建筑巍然屹立于山岗之上。据说这片山岗未开发前有奇石如八仙下棋，故称"八仙棋"。50年代初，熟谙风水地理及建筑设计的陈嘉庚以步代尺，亲自拄着手杖在此敲打，督建出这五栋如猛虎般的宏伟楼群。嘉庚先生说，要让进出厦门港的轮船第一眼看到她。

　　新中国建立，陈嘉庚极受鼓舞，满怀希望，决定再筹巨资扩建集美学村和厦门大学。那时陈嘉庚常住家乡集美镇，于是托付他在新加坡的爱婿李光前，把自己在新加坡约当时港币八百万元左右的资产拍卖掉，继续投资扩建集美学村，又动员李光前捐赠港币六百万元扩建厦大。这五幢大楼就是1950年至1955年间，由李光前捐资，陈嘉庚亲自督造的又一组凝聚着爱国华侨的心血、极具厦大建筑特色的大楼。这组楼群与群贤楼群、芙蓉楼群，已成为第六批全国重点文物保护单位。

　　厦大新老建筑群颇能体现陈嘉庚的建筑理念，建南楼群则是厦大建筑的突出代表。五幢大楼总建筑面积为24714平方米，从西到东依次为成义楼、南安楼、建南大会堂、南光楼、成智楼。五幢楼以建南大会堂为中心，呈轴线对称格局，背山面海，排列成半月形，环抱着一个半椭圆形的大操场。与群贤楼群以中式建筑风格为主有所不同，建南楼群注入更多西式建筑的元素，除了建南大会堂前面部位采用中式绿色琉璃瓦、宫殿式大屋面与西式墙体中式砌筑相结合形式，其余包括大会堂大厅在内，全部为橙色庚瓦屋面的西式墙体中式砌筑的格局。楼体采用特别细加工的白色花岗岩，与釉面红砖犬牙交错砌出各式阳角彩角，在其他部位相互映衬下，显得缤纷多彩。由于楼群处在山坡上，前面原是一片洼地，设计因地制宜，利用楼群与大田径场之间的落差，将坡地巧妙地削砌成25级可容纳两万名观众的大看台，俯对着32200平米的半月形大运动场。红瓦白墙，蓝天绿树，远山近水，交相辉映，高低错落，视野极为开阔。

　　西侧的成义楼、南安楼与东侧的成智楼、南光楼应该说是厦大西式建筑的代表作。现在成义楼和南安楼所在地本是建校初期盖的化学院、生物院两栋姐妹楼旧址，这两栋姐妹楼先后于1926年6月、11月建成并投入使用，但是1938年厦门沦陷后被日寇彻底拆毁做军事工事。解放初期，陈嘉庚又在原址按原楼大小，基本上也按原楼结构，砌筑成现在的成义、南安二楼。现在成义楼归生物院使用，其北面拥有全厦大最美最长的台阶。南安楼现是南洋研究院办公楼。

在东侧的南光楼人文学院里，于本世纪初走出"品三国"的易中天。

易中天从1981年武大毕业后留校任教，1992年调入厦大。据说易中天在20世纪80年代中期就想调入厦大。当时厦大组建艺术学院，需要艺术理论教师。1985年12月初，经武大校友推荐，易中天到厦大做短期教学。结束一个月讲学后，他开始张罗调动之事，只是武大迟迟不肯放人，所以直到1992年，他才如愿进入厦大。第二年，正值厦大校庆72周年，易中天举办第一场讲座，题目是《艺术起源》，当时听众只有五人，中途又走了两个，逃课者或许是忍受不了他面黄肌瘦的样子，还有一口湖南普通话的腔调。但怀才就像怀孕，时间久了总会让人看出究竟。几年后，凤凰卫视看到易中天在厦大出版的一本书，邀请他走上荧屏开讲，这才引起央视注意。

随着百家讲坛收视窜红，学术"超男"人气一路飙升。各路"意粉""乙醚"自发创建百度"易中天吧"。上课教室里，也比以前多了几排爱放电的女生眨巴着红心眼。事实上，易老师退休前在学校后山深居简出，颇有几分仙风道骨，行踪隐秘，原来他是在家秣马厉兵——看书，思考，爬格子。易老师"火"了之后，宛如"神龙"见首不见尾，现在更似鲲鹏展翅，扶摇直上九万里，南光楼掠过的只是他惊鸿一瞥。

▲ 嘉庚风格的墙体装饰极具特色

▲ 建南大会堂"四面八方"地砖

▲ 建南大会堂楼顶装饰

第一部分 海之北 | 057

建南大会堂

　　建南楼群东西四栋宛如护翼，拱抱着中央主楼——建南大会堂。从远处看，五栋大楼深得凤凰花花开五瓣的神韵。这是一组适合仰望的楼群，虽然历经六十余年风雨洗礼，她依旧是厦大最经典的倩影。

　　作为厦大最上镜的标志性建筑，建南大会堂那份雍容高贵直扣人心。其建筑面积5904平方米，高25米，进深总长65.3米，最宽处50.15米，可容4500个座位。临海的四层门楼前立着四根希腊风格的白色花岗岩石柱，吸收了雅典卫城的建筑元素。石柱经过特别加工而成，长方形柱础，圆形柱体。这种设置对于门廊后的中大厅有良好的采光通风效果。在中厅设计上，建南大会堂采用前面曲线、左右退层的方式，即中间为四层，两侧呈阶梯状逐级递减至二层。二层以上全部采用宫殿式屋顶，以突出中厅前面的主要部位，使中厅显得高大雄伟，也便于通风采光。其次，门廊通中间大厅的门窗户框的装饰布局也颇有讲究。通中大厅的隔墙开设大小不一、多个不同门窗，雕刻装饰各种图案。考虑濒海风大、时有台风的地形气候特点，墙面采取多开窗户、少开门户，或不开太大门窗户的设计。

　　建南大会堂中间部位共四层，楼上第四层又有一个带门廊的大厅，在那里既可以检阅大操场上的运动健儿，也可以远眺厦门港湾及鼓浪屿，欣赏四季晨昏阴晴中不断变化的天光海色。

　　大会堂整个前端部分及门廊地面，有些细节颇值玩味。其屋顶"飞檐翘脊"，脊尾呈燕尾状，整个造型酷似一顶状元帽，寄托读书人金榜题名的美好愿景。从底层门廊前到大厅，有两组石板台阶，外五级，内三级，总共八级，这是寓意中国人民经历八年抗战与三年解放战争的艰苦岁月，让人们永远铭记和平来之不易。在四根大石柱间的地板上，铺有内四方外八角的石板图案，这是表示学校英才来自四面八方，欢迎四面八方朋友来厦大参观、学习，欢迎四面八方子弟到厦大深造，厦大也应当向四面八方兄弟院校取经，为四面八方的民众服务，团结四面八方的人共建美好中国。此外，底层中大门的拱塞用辉绿岩雕刻有龙虎图案，象征龙虎把门，抵御一切外侵者。在砌筑技巧、门窗洞框的装饰工艺等方面，也颇为考究，别具风格。大会堂底层门廊内，在水泥吊顶的天棚上，五盏吊灯装饰三种对称灯座图案，地板上也有五个灯座与之对应。上下五对灯座及灯笼相互映照，令人仿佛置身于灯光闪耀的现实舞台。

建南五幢楼的名称，与厦大其他楼群名一样具有深意。建南大会堂之所以不叫"建南大礼堂"，据说是陈嘉庚要避宗教礼拜堂之嫌。"建南"之名，则与捐资建楼的李光前有关，李先生原籍是福建南安人，缩写就是"建南"。"建南"又与集美学校的"福南"大会堂相呼应，两者合起来便是"福建南部"，暗含厦大与集美学校同属福建南部的教育基地之意。南安楼之名显然是纪念出生于福建南安的李光前先生以及南安其他捐资兴学的华侨。南光楼取名不外两种含义，"一是颂扬南安华侨捐资办学之光；二是南安国光之缩写或南安李光前中取最有意义的两个字。不管哪一种，都是在间接为李光前先生捐资办学作纪念"[1]。成义楼的名称是陈嘉庚以李光前大公子李成义命名，也有两层意思：一是间接纪念李光前捐资建校的贡献，二是也希望李家后代能继承父志，继续捐资办学。成智楼是陈嘉庚用李光前的二公子李成智为名，同样是寄望子承父业，延续传统。另有"成伟楼"取名于李光前的三公子李成伟。

2015年9月至2016年3月，校方对建南大会堂做了史上规模最大的一次翻修。这次翻修的原则是修旧如旧，结构加固。一是掀开屋顶，做防水等处理，最后再放瓦片。二是安装空调。为了保住原有的"嘉庚钢屋架"，在严格验算的基础上，只对受力不足的杆件进行局部加固。此外，大会堂外部的门窗全部恢复朱红木框；会堂内的灯光、音响设备也都升级，还配有wife。

建南大会堂从来是厦大人记忆中不可缺少的一页。在这里，凭海临风，倚在岁月边缘，翻阅一道道斑斓的光影，直至永远。

◀ 建南大会堂飞檐、门窗

注　释

[1]《厦大校史资料》第八辑，《厦大建筑概述》，陈天明编著，厦门大学校史编委会，厦门大学出版社，1991.1，P48。

上弦场

在建南楼群前方，一整列蒲葵宛如一串翡翠项链，环绕着椭圆形大操场，这里就是"上弦场"，因其形如上弦月，故名。

2006年，中央台"同一首歌"走进厦大，在上弦场拉开帷幕。2009年一部收视率颇高的芒果雷剧《一起来看流星雨》火了一座校园，那所被称为"艾利斯顿商学院"的贵族学校即取景于厦大。至于众多的影视将这里纳入镜头，次数已不可胜计。每到毕业季，这里也是许多院系学生拍摄毕业照最理想的场地。

如果说厦大是中国最美的校园，上弦场则是校园中永垂不落的新月。

"上弦"，一个诗意的名字，郑成功操练数千水师的那段时光已经远去，却依然在月弦如钩的看台，每逢月圆的诞生。主席台石壁上"上弦场"三字石刻记录着命名兼题写者虞愚先生的心绪，那"自饶远势波千顷，渐满清辉月上弦"的诗句，仿佛穿越千古，可见月色水光笼罩下的上弦场风致。

这座海上看台锁着前尘往事，二十五层石阶环场而立，以一种安详的姿态守护着恢弘的建南楼群。在这里跑步、踢球、徜徉、赏月、做梦……或独坐于此，晒着慵懒的阳光，向大海打开深藏的心事，对着星空诉说；或结众前来，瞭望海天，披风荷月，放声高歌，顾影起舞。一泓海水和万缕天光，恍若都在烘托着你，如同烘托着一轮皓月。

20世纪80年代后，男女约会开始若隐若现于夜幕下僻静之处。上弦场夜空的明月，远近朦胧的灯光，软腻的晚风，都在制造一个浪漫的氛围，空气里夹带着潮湿的情意。无论初恋的爱侣,还是热恋的情人,都喜欢到这里互诉衷肠。那时学校夜间有巡逻,搜寻者拿着长柄手电筒对着上弦场扫射,总会捕捉到相拥一团的影子。落网的情侣往往被视为有伤风纪,或违背不准谈恋爱的校规而被惩处。

在爱情自由到泛滥的今天,这里依然是理想的幽会场所,总有一些恋人到这里上演"下辈子我要做你心肝"的赤裸表白,或者意外地来一场求婚袭击,也有心理失衡的搞怪派拿着相机往树丛里探照,惊起鸳鸯无数。只是恋爱愈加物质、脆弱了,恋人们可去的场所增多,上弦场的月色风声不时在独守着寂寞。

隔着爬满青藤的铁栅栏和马路,就是蔚蓝的海,一面是车水马龙的喧闹,一面是被夜色洇染的静谧。无论人事代谢、沧海桑田,几经更易,唯有上弦场当空轮回的千年明月,默默俯瞰着俗世红尘。同样一轮不变的新月,总在期望着未来,期待圆满。

李光前塑像

在建南大会堂和南光楼之间的小草坪上，有一尊李光前先生的全身塑像。

1893年10月18日，李光前出生于福建南安芙蓉镇（又称梅山镇）。其少时在南安芙蓉老家私塾读书，因家境贫寒，为减轻家庭负担，他每天放学后便去替人放牛。1903年秋，年仅十岁的李光前随父离乡，到南洋新加坡，先后就读于英印学堂、养正学堂、圣·约瑟夫学堂和道南中文学堂。1909年回国，先入南京暨南学堂，两年后到北京清华学堂深造，其后转入唐山路矿学堂。辛亥革命爆发以后，由于局势混乱，学校停办，1912年他又回到新加坡，先后在道南学堂、养正学堂等处任教，并兼任一家华文报社的电讯翻译。不久后，他考入当地政府所办的测量专科学校，每天清晨五时左右起床出去测量马路、山丘或河流，下午在测量局上课或绘图，晚上做作业或温习功课。此时他还攻读美国一家大学的函授土木工程课程。三年后，李光前终于修完这些课程。在中国和新加坡的学习经历，为其以后为人处世打下坚实基础。

李光前精通中、英文，毕业后被福建籍的富商庄希泉看中，聘请他加入庄希泉和陈楚南在新加坡合作创办的中华国货公司担任英文文书并从事涉外工作，由此开始进入商界。后来李光前到陈嘉庚的谦益公司，负责处理中、英文函件及对外联络。这一次"跳槽"成为李光前商海生涯中的重要转折点，从此在商界崭露头角。因为办事干练精明、业务熟练，加上老成持重，他很快就被提升为谦益公司橡胶贸易部经理，甚得陈嘉庚器重并将长女陈爱礼嫁给他，俩人从此结下翁婿之缘，那年李光前27岁。

李光前和陈嘉庚最初结缘，有两段动人的故事。据说李光前十岁时下南洋，乘船途中，气温骤降。当时船上大多是来自穷乡僻壤的福建人，另有富甲一方的陈嘉庚。陈先生见那些衣衫单薄的人冻得直打哆嗦，就吩咐仓管员："我姓陈，麻烦您通知乘客，给每人发条毯子，费用由我出。"但是仓管员传达时却变成"乘客中姓陈的，每人发条毯子"。于是，大家纷纷自报姓陈，争拿毛毯御寒。唯有一个少年穿着单衣，躲在角落打颤。陈嘉庚问他为何不去领，少年回答："船上通知姓陈的才可领毛毯，我姓李，不能冒姓顶替。"这位

少年就是李光前，他的诚实举动，给陈嘉庚留下深刻印象。

1916年的某个雨天，机缘巧合让故事主角再次相遇，只是当年嘉庚的送毯之恩换作光前的借伞之情。那一天，李光前下班，在街边摊吃饭。这时陈嘉庚也冒雨来买东西。当陈嘉庚买完食物准备离开时，雨越下越大。陈嘉庚的汽车停在附近，他没带雨具无法走过去，正在着急。李光前认得陈嘉庚，忙递去一把雨伞，陈嘉庚急着回去，拿了雨伞头也不回说："明天到我的橡胶公司去取回吧。"第二天傍晚，李光前下班后到陈嘉庚办公室取伞。陈嘉庚连忙招呼他坐下，并感谢他借伞之情。两人在办公室边喝茶边聊天，李光前才谈起当年陈嘉庚赠毛毯为他取暖之事，至今感激不尽。陈嘉庚想起往事，不禁大笑。闲谈中，陈嘉庚了解李光前熟悉中英文，他想请李光前为自己的橡胶公司服务。李光前觉得庄希泉有恩于己（因庄希泉曾资助他求学），不能忘恩负义，故而没有接受其邀请。后经庄希泉劝说，李光前才到陈嘉庚公司任职。

1927年，李光前准备成立自己的公司，但是苦于没有足够资本，正在此时，一个英国商人准备回国，想把麻坡的1000英亩胶园以10万元价格出售，在当时这个价格算是很低，李光前调查之后决定购买。然而，谨慎的陈嘉庚却极力反对，认为胶园价格这么低是因为园内常有猛虎伤人，工人不敢去割胶，胶园再便宜也会荒芜。李光前预知政府要在此开辟道路，老虎到时自然会绝迹，故坚持己见，筹钱把胶园买下来，并取名为"芙蓉园"，以纪念他的出生地南安县芙蓉乡。不久，政府果然在胶园附近修建公路，胶园价格暴涨2至3倍。次年，李光前把这片胶园以约40万元的高价售出。

▲ 1920年，李光前与陈嘉庚先生长女陈爱礼小姐结婚

▲ 李光前先生回芙蓉乡祭墓

▲ 李光前先生偕夫人陈爱礼和三女李淑志到集美鳌园瞻仰岳父陈嘉庚先生陵墓

第一部分 海之北 | 063

这样，在短短一年内，李光前就净赚了 30 万元左右。正是有了这第一桶金，李光前在麻坡创办了第一家企业——南益橡胶公司。

公司开业后第三年，正逢世界经济大萧条。在资本薄弱、经营惨淡的情况下，李光前凭其在谦益公司时与工商界建立的良好关系，渡过难关。1931 年，经济危机即将过去，李光前看准机会，扩大资金，将公司改为南益橡胶有限公司，并出任董事长。他一面不断扩大经营渠道，发展对外贸易；一面不失时机开展多种经营，除橡胶制造、种植等生意之外，还进行黄梨的种植与加工。几年后，李光前的企业扩展到泰国和印尼。到 30 年代末，他已是新加坡、马来西亚等地家喻户晓的橡胶与黄梨大王。此后他又涉足银行业和房地产业，进入金融界。他先是投资与人合办华商银行。1933 年，华商银行又与华侨银行、汇丰银行合并，以华侨银行命名。李光前任该银行董事会副主席，后又接任主席。在他的主持下，华侨银行先后在新加坡设立 20 多家分行，东京、大阪、马来西亚、香港、上海等地也设有分行。华侨银行成为东南亚地区最重要的金融机构之一，也成为李氏集团最重要的企业。

为适应形势的需要向多元化方向发展，除传统的橡胶、黄梨的种植和加工外，李光前还经营采矿、运输、船务、木材加工、食品、出版等，共 23 家有限公司，加上华侨银行与东方人寿保险有限公司等等。到 60 年代末期，他的橡胶园总面积已达 1.85 万亩，南益橡胶有限公司附属机构多达 35 家。

李光前是陈嘉庚的追随者。对于李光前而言，此生最重要的良师益友就是陈嘉庚，在陈嘉庚身边工作十年，李光前亲眼目睹陈嘉庚不顾个人安危，为华侨抗日运动奔波劳累，关注家乡和当地文化教育状况，投资社会福利事业。其次，李光前自己年少时能有受教育的机会，也是因好心人士的捐助。事业有成的李光前，不忘回报桑梓和社会，决心把赚来的钱用来支持教育，兴办文化事业。1927 年，李光前独立创办企业，开始以独立资产形式不断资助厦门大学。1934 年，陈嘉庚的公司收盘后，厦门大学和集美各校的历年经费，都得到李光前的大力支持。李光前和黄奕住、林文庆等共捐资 10 万元，作为厦门大学及集美学校的经费。1936 年，陈嘉庚筹措 16 万元购买 400 英亩橡胶园，拟作厦大基金，李光前捐资 5 万元。

1950 年，新中国成立后，李光前又鼎力支持陈嘉庚扩建厦大的行动。1950 年 11 月 5 日，李光前致函陈嘉庚，表示愿意继续资助修复因战乱被炸毁的厦大校舍，同时加以扩建。他筹资 600 多万元（港币），交由陈嘉庚统一筹划使用。从 1951 年至 1955 年，兴建的新校舍和公共设施共 24 幢，建筑面积约 6 万平方米，相当于新中国成立前校舍建筑总面积的一倍。其中包括建南大会堂、当时的生物馆（成义楼）、数学物理馆（南安楼）、化学馆（南光楼）、原图书馆（成智楼）以及国光楼群（三座庭院式）、芙蓉楼群（四座），丰庭楼群（三座）、成伟楼，另建膳厅、浴室、厕所等。还建了三万多平方米的"上弦"体育场以及面积达六千平方米的系列海水游泳池。

李光前除了资助厦门大学、集美学村各校、华侨大学，20 世纪二三十年代，李光前在新加坡、马来西亚等地也不断从事公益活动，捐助新马地区的南洋大学、马来亚大学，及捐建国家图书馆等。1939年至1943年间，他相继在老家南安芙蓉乡独资捐创幼儿园、国专小学、国光中学和医院、图书馆。

1952年，李光前用企业固定比例利润，提成用做公益事业专项经费，成立"李氏基金会"。基金由基金委员会负责保管，所有收益都作为教育慈善公益费用。该基金约有两亿元（新加坡币），占其财产大半。1964年，李光前又将其名下的全部南益股权（即总股份的48%）悉数捐献给"李氏基金"，使"李氏基金"成为南益集团最大股东，每年所得股息全部作为永久的慈善公益用途。

李光前对教育、经济的发展和社会进步所作的巨大贡献，博得海内外一致高度赞扬。1957年，马来西亚柔佛苏丹授予他"拿督"荣衔。次年，马来西亚大学授予他名誉法学博士学位。1962年1月，新加坡政府《宪报》正式公布聘任李光前为新加坡大学首任校长，直至1965年11月因病告退。在这期间，他对新加坡大学的建设、发展及教育质量的提高等方面，颇多建树。

李光前夫妇育有六个子女。三个儿子学成后经营企业，都卓有成就，他们继承外祖父陈嘉庚、父亲李光前爱国兴学的优良传统，对捐资兴学都不遗余力，继续支持厦门大学办学。1967年李光前逝世后，三兄弟主持新加坡李氏基金会，依然遵照基金会"取诸社会，用诸社会"的宗旨，捐款支持各项科技文教活动，包括继续资助厦大。

一个多世纪过去了，李家与厦大的几代因缘仍在延续。厦大建南楼群就曾汇聚着李氏家族两代人的心血。20世纪90年代，新加坡"李氏基金会"同仁得知建南楼群年久失修，遂于1994年开始陆续捐献1600多万元人民币，对这五幢大楼及楼群前的石板路予以全面翻修，使建南楼群焕然一新。"李氏基金会"又投资527万元（人民币）在成伟楼原址新建厦大医院门诊大楼，新建海滨新教学区广场，还资助厦大举办国际学术会议。2007年，"李氏基金会"又向厦大捐资5000万元（人民币），用于厦大医学院与护理学院的建设。1994年到2005年这十余年间，"李氏基金会"向厦大的捐赠总计达到近7700万元（人民币）。2001年厦大为李氏家族捐资修缮大会堂勒石为铭，嵌在大会堂中门旁。

李光前堪为世范者，不仅是其商界巨擘的风范和难以统计的财富，更重要的是他好学、诚实、正直、无私、宽宏大度、谦逊、俭朴的高尚人格。李光前虽家财万贯，却毫无富人的显摆，无论高官显贵，还是草民百姓，他都以礼相待。其生活简朴，平时粗茶淡饭，从不抽烟喝酒，喜欢融入普通人圈子，挤电车，混食堂，一生献血十八次。1965年，他为医治肝癌做身体检查时，医生惊讶地发现这位富翁竟然营养不良。对于社会公益，他则有求必应，从不推诿，但又往往"不争不先"，不与人争名夺利，他说"我平生最讨厌者便是挂名不做事"。

斯人已逝，你可以说他是一个富豪、巨商、慈善家……然而，他早已不在乎自己是谁，他只是坦然、优雅地站立在那里。

城垣遗址

南光楼东侧就是成智楼，在这座没有雪的城市，攀墙而上的爬山虎布满春的足印。这里曾是厦大的图书馆，其后几经更迭，现在公共事务学院入驻于此。

走过成智楼，右前方有一座四根立柱撑起的灰色石亭，久经风雨，古朴粗糙。亭内树着"建盖大小担山寨城碑记"，底座梯形，碑身浮雕云鹤仙子、花叶卷浪等装饰，这是厦大校园中历史最久远的古迹。碑文载述，清嘉庆七年（1802年）夏，蔡牵率百余名海盗，趁夜突袭厦门港外大、小担岛清军防地，打伤士兵，抢走两座

▲ 建盖大小担山寨城碑记

炮台。此二岛，四面环海，一旦受攻，"腹背无应"。为此，嘉庆八年（1803年），闽浙总督玉德吸取教训，向厦门行商募款建盖大、小担山寨城，重设大炮，堆积滚木垒石，以提高防御能力。寨城长约100米，高近5米，内设兵房九间，药库、望楼各一间，诸项设施完备。

从建南楼群北面的柠檬桉道直走，依次经过联兴楼、蔡清洁楼（兼具餐厅与住宿功能）和南光留学生住宿区。在海外教育学院旧楼右旁，尚存一段鲜为人知的旧城垣，依然透着一股内敛的力度。庞大的标志性巨石上刻着原国防部长张爱萍将军题写的"镇北关"三个大字。1998年，厦大历史系教授陈国强于此题语："镇北关系明代抗倭所建的白城关隘之遗址，民族英雄郑成功曾在此及城内演武场操练官兵。"

提起郑成功，或许你会联想到"收复台湾""民族英雄"，但他的身世八卦并非路人皆知。时间还得回溯到明朝天启三年（1623年），当时有一个信奉天主教的小伙子郑芝龙，随一艘荷兰商船从福建泉州东渡日本。在日本长崎县平户等待顺风返航期间，十九岁的小伙暂住在比他大两岁的田川小姐家。这位田川小姐是个中日混血儿，本姓翁，出落得亭亭玉立。两人很快坠入爱河，并私订终身。田川小姐怀胎十月，诞下男婴，取名福松，后更改为郑森（即郑成功）。然而小郑出世未满一月，父亲就撇下妻儿随原船离去。后来，郑芝龙成为福建沿海行为猖獗的海盗，直到接受崇祯帝招安，官至都督同知才洗手上岸。1630年，年已七岁的郑森终于被父亲接回福建老家培养，十五岁时考中秀才，成为父亲的左膀右臂。1644年，大明江山内外交困，崇祯帝走投无路，最后吊死在景山。第二年，郑氏父子在福州拥立朱元璋世孙朱聿键称帝。小朱万分感动，便将国姓"朱"赐给郑森，并赐名"成功"。不过，民间还是习惯叫他"郑成功"或"国姓爷"。

凭石望海，英雄演武的时代早已过去，萧萧古木与寂寂废墟伴着硝烟散去后的平静，一道沉淀下来，剪辑成旧城垣上的模糊影像。

◀ 镇北关遗址

厦大钟声

建南大会堂的舞台不时在上演着人间戏剧的各式桥段。20世纪80年代，这里最派上用场的是放映电影。80年代以后，学校文化生活更加丰富多彩，于是就有无数的名家硕儒在此登台演说，如李敖、易中天、白岩松、余光中、席慕蓉……有一年数次的"中文有戏"演出；有每年一次的"校园十佳歌手"名曲演唱；有"孔院大会"、毕业典礼的隆重仪式，更有各种盛会在这里举行。然而，名人来了总要离开，再好的戏码总要落幕，再热闹的庆典总要收场，惟有来自四楼天台的世纪钟声，一直在不倦地敲击着时空。

按照民间风水地理的说法，厦大正处在一条龙脉上，上弦场是龙头，建南天台的那口钟正是龙喉。在中国传统文化中，"钟"更是庙堂仪典不可或缺的重要乐器，也是等级和权力的象征，"黄钟大吕"被奉为音乐的正统。以古人"比德"观念而言，钟声之厚重、有力，宛若居身自正的君子品格，故"黄钟毁弃，瓦釜齐鸣"被喻为贤者失志，小人得道。古人倡教，黉宫学舍鸣钟振铎，以示郑重，也由来已久。但电子科技发达后，电铃的使用逐渐代替敲钟，厦大则一直保留着最古老的鸣钟报时方式。自厦大建校之日，钟声伴随着南强学子求知的渴望，敲响了近百个春秋，成为厦大人独有的回忆。

> 浪子已老了，唯山河不变
> 沧海不枯，五老的花岗石不烂
> 母校的钟声悠悠，隔着
> 一排相思树淡淡的雨雾
> 从四十年代的尽头传来
> 恍惚在唤我，逃学的旧生
> 骑着当日年少的跑车
> 去白墙红瓦的囊萤楼上课[1]

　　台湾诗人、厦大校友余光中时常梦回校园，聆听记忆深处的母校钟声。多年了，那一道空旷悠远的钟声，一如既往，传遍整个校园，无论晴日雨天，伴随着朝暾晚照、晨氛暮霭，敲打着岁月，敲击着影影绰绰的往事。

　　钟声是厦大最独特的吟咏。据说20世纪50年代末，金门炮战正酣，厦大报时的钟声此时又担负警报器的职责。当钟声急促敲起，师生们迅速疏散到防空洞或安全地带。如今，钟声已归于平和。

　　这座盆口粗的铁钟，挂在雨披搭成的棚顶上，塑料绳一头拴在钟内铁球上，一头拽在敲钟人手里。每天6时30分开始，清晨的第一道钟声，节奏缓慢而清越，捣碎夜色，穿透晨光，敲响校园里晨练的脚步。黄昏时分，钟声响起，宣告白天课程结束，延续25秒的"梆、梆"声在暮色中飘荡，余音袅袅，敲开校园的喧闹，旋即复归寂寥。

　　厦大钟声不仅锤炼着自家的日子，也呼应着南普陀寺的暮鼓晨钟。只是厦大钟声司白昼，南普陀则是在亥时和寅时敲钟。厦大钟声难免带有尘世的气息，"梆、梆"两声一个节点，各点之间距离短促，仿佛提醒人们时不我待，努力奋进。南普陀寺的夜半钟声则从容、纡徐，娓娓而道出家人遗落世事的襟抱。

　　"梆、梆——"，来到厦大，听学堂与古寺交响的钟声，此起彼伏。请深呼吸一分钟，感受钟声或热烈、深长，或清远、坚定，让你的思绪往返于红尘内外，或可倏然了悟在人生旅途，每个人都是匆匆的行者，都需要一座钟，敲出我们身上的正气，敲去我们心头的迷思，不再彷徨于歧路，不再困守于围城。

注　释

[1] 厦大85周年校庆，"乡愁诗人"余光中在建南大会堂深情吟唱这首《浪子回头》。

饮食人生

"三家村"今昔
消失的"东边社"
芙蓉楼群
石井女生宿舍
芙蓉餐厅
壁画隧道

"三家村"今昔

在厦大生活过的人，没有不知道"三家村"，但是几乎也无人知道这里为何叫"三家村"。

三家村是一个三角形地带，其中心点原有三幢木制小屋，排成一溜，各两层，就像积木搭成，煞是可爱。是否因此称"三家村"，不得而知。那时校学生会设在木屋里，其西北面即芙蓉湖，当时那里还是一片菜地，视野开阔，颇有田园风味。木屋周边都是学生宿舍，还有"东边社"，多方汇合，各路相交，为校内交通枢纽，属于厦大最繁华地段，历来也是学生活动中心。

在这个三岔路口，遍布着芙蓉四、自钦楼、南光七、八、九等楼群。大约在20世纪90年代后，三幢木屋被拆除，由旅菲爱国华侨许自钦先生捐款200万元，在原地兴建一座现代建筑，取名"自钦楼"，作为厦大学生活动场所。自钦楼一层有家"湖畔咖啡"，落地窗外是芙蓉湖周边的泼天绿意，到那里看书，要一杯咖啡、奶茶或果汁，可以一直坐到地老天荒。本世纪初，校方又对三家村进行改造，拆除南光九等旧建筑和旧报栏，建三家村学生活动广场，国内各家大银行纷纷在这里设点营业，现在国内最火的几家快递公司也在这里安营扎寨。每逢节假日，总有一些商家到这里搭棚，发传单，放音乐，搞活动。原来的"田园风"遂为"现代风"所取代。

变化的不仅是人事，自然物迁也在悄然发生。在三家村往白城海边方向的路中央，原有一棵大榕树，枝繁叶茂，在夏日或雨天，荫庇许多来往行人。1999年台风，这棵大榕树被推倒了，台风过后被移种在三家村旁边的草坪上。坊间另有一种传言，说三家村的大榕树并不是风刮倒的，而是在学生对台风的一声声"加油"助威中，悲愤而亡。我却不这么看，因为那时我带的一个硕士生是校园著名诗人，榕树倒下后，他非常伤心，专门作了一首诗悼念这棵榕树。那一段日子，他每见到我，总在念叨这棵树。

正如青春之无凭，一切在这里发生的，也都随着时间远逝。在这个轮转的舞台，总有新人登场，总有新剧演出。不知何时起，每到毕业季，校园里的"跳蚤市场"开张了。毕业生们聚集一起，把带不走或不再用的学习、生活用品搬下宿舍楼，低价转卖。暮色渐浓，夜灯初上，从三家村岔路口到芙蓉餐厅这段不到两三百米的大路两旁，各种大小摊位前打着灯光，摆出各色物件，这些东西多是主人的旧爱，现在要各奔东西了，不得不为它们寻找出路。除了卖家，还有买家和路人，淘宝的，凑趣的，熙熙攘攘，讨价还价之声此起彼伏，俨然一草根夜市。

厦大毕业季的跳蚤市场如今已形成传统，没有人说得清它有多少年的历史。毕业生们说，其实不在乎能在跳蚤市场赚多少钱，在毕业的最后一段时光，能和同学舍友席地而坐，一起吃喝着卖一些大学生活里承载着点滴记忆的物品，再和可爱的师弟师妹、亲切的大叔大妈聊聊天，就很好了。

消失的"东边社"

▲ 东边社旧址上新建的体育场

二十多年前，今天芙蓉四背后一大片操场，以及那里几栋学生宿舍楼，包括芙蓉一、二、三、四之外的新芙蓉楼、芙蓉餐厅、东苑食堂（回民餐厅），还有东苑体育场，这些地盘当时都属于"东边社"区域。当年，从芙蓉四出发，经过一个公共厕所（原宿舍楼里都没厕所），进入一条小巷，巷子中间分岔，往右去学校食堂——文史食堂、生物食堂等；往左上山，通往凌云楼，即当时的研究生宿舍，及情人谷。芙蓉四前面有一个小球场，对面就是三家村，再往前一点就是芙蓉湖，湖边是博学、映雪等教学楼。所以东边社那条主干巷虽小，却是交通要道。只是今天已见不到那条小巷子，更见不到"东边社"了。

东边社消失于何时，至今已难以确知，在我的印象中，它似乎不是一下就不见的，而是逐渐隐没，就像一个熟人，平时偶通音讯，不太惦记，也不曾忘却，直到有一天他全然消失，方觉记忆中尚有他淡淡的余痕。不过，凡是于90年代初毕业的厦大学子，没有人不知道东边社，尤其是居住在东边社眼皮底下的芙蓉四、芙蓉二、芙蓉十的同学，东边社的样貌应该永远留在他们青涩的梦里。

东边社在厦大校园内是一个极为怪异的地方，那是一个什么组织？既不像社区，也不是一个街道，或许本来就是一个小村落，一个自然生态的群居地。在那里，平展着各种形状的民房，有小食店、理发店、杂货铺、裁缝铺及简陋的客栈，还有日租房。不规则的小巷弯曲起伏，联系着许多人家，世俗物色那里似乎样样俱有，处处洋溢着人间烟火味。住在芙蓉四或东边社周围的学生，早上去食堂打饭，时常会遇到几个穿着睡衣睡裤，踩着人字拖的男女，端个痰盂往厕所跑，睡眼惺忪，披头散发。

对于过着清汤寡水校园生活的年轻学子，东边社是一个极具吸引力的地方。平时他们的生活或许乏味，在出没于图书馆、教室、宿舍之余，他们也乐于到东边社吸地气。那时学校食堂饭菜款式比较单调，学校内外的小吃点更是寥寥无几。若想打牙祭，或仅仅只是图热闹，不需太多理由，唤来几个同党，到东边社炒几盘小菜，拿几瓶啤酒，在那里高声谈笑，或猜拳叫器，直至把过剩的精力挥洒一空。若外地来亲友，学校十人同居的宿舍显然住不下，到东边社吃住都解决了，当时一个10平米的小屋月租也就40块钱。一些进入白热化恋爱阶段的小情侣，更是早早到东边社私筑爱巢。

除了东边社的土著之外，"东边社"的临时居住者还有外地来的艺术青年、打工仔、小商贩、小和尚，甚至还住过通缉犯。在校园内不能干的事，在东边社似乎都可以秘密为之。据说校方早就想把这个"藏污纳垢"的区域端掉，只因拆迁费太庞大，就这么一直搁在那里。

芙蓉四是中文系男生的老巢。对于长年居住芙蓉四的文学青年来说，东边社简直就像他们的私家后院。八九十年代强调个性自由，思想幅度宽阔，文学尚未衰微到后来那么悲催，他们中总有人昼伏夜行，到东边社寻找创作灵感和诗的激情。据说早在70年代末，中文系朝花文学社几个文学男青年，接待在文学圈内有一点小名气的文学女青年，他们在东边社彻夜高谈，经宿不归。若干年后，文学青年中的一位荣归母校，留守的同窗在东边社为之设宴接风，酒酣兴奋之时，文学男青年记忆复苏，载歌载舞。

东边社拓展了校园的物质和精神空间，使得原本枯燥的书斋生活多了人间情味，东边社周围年轻的邻居，坦然享受着往返于城乡之间亦雅亦俗的生活。只要凭窗俯瞰，东边社的众生相，尽收眼底，那里有女性的媚眼和笑声，有酒徒放浪的醉语和狂态，有过客的好奇和试探。在高校与市井的生活之间，在青春本身不可遏制也无须遏制的欲望与学府的清规戒律之间，他们来去自如，时为踏足红尘的一匹凡夫，时为泛舟学海的一介书生。东边社的生态环境，宛如一个缩小的社会模型，亦似一扇瞻望世态的窗口，让他们在掌握专业知识和技能的同时，也阅读人生。

果然，东边社以它宽松的人文环境，不经意地造就了一个路过的名人——高晓松。据高晓松BLOG上的《如丧青春1990》揭秘，当年他从清华辍学，身无分文"流窜"到厦大骗吃骗喝，并被一厦大新闻系女生"包养"。女生来自北京，时为学校文艺演出的当家花旦。遇见高晓松之前，她已有一个高富帅的男友。高晓松当时瘦得像麻杆，但他才华横溢。女孩终究离开原男友，与高晓松在东边社租了一间小屋，住到一起。女孩毕业后与高晓松一起到北京发展，几年后他们分手了。

1990年在厦大游荡的那些时日，谱成高晓松最壮丽的青春诗篇，酿出创作的灵感源泉，成为他挥之不去的成长记忆。在厦大东边社，高晓松与各地流浪的艺术家、厦大艺术学院的单身教师们、闽南佛学院的居士，甚至携家带口的逃犯，一起度过一段恣意随性的生活，尤其是遇见相爱四年，教会他堂堂正正做一个男人的厦大女生。这段栖居厦大东边社的经历，让他写出祭奠青春的《麦克》，歌唱爱情和远方的《流浪歌手的情人》，及名噪一时的《同桌的你》等许多歌曲。

与厦大中许多"芙蓉""丰庭""映雪""囊萤"等雅致的楼名相比，"东边社"的名称颇为土气，或因其地处厦门岛东边而得名？"社"显然带着朴质自然的乡土味。由此看来，大概在厦大未出现之前，东边社就已经存在，而且地盘可能不止这么大。在厦大情人谷湖边有一石碑，表明那里也是东边社，只不过葬的是东边社中死去的人。厦大人所看到的"东边社"，只是原来的一小部分。当厦大以不可抗拒的力量发展壮大，直至将东边社包围其中，东边社的居民仍然一代代地繁衍生息，过着最俗常的人生。

　　流光将东边社带来，又带走了。从纵向看，东边社的存亡，可见厦大历史发展之一斑。从横向看，在东边社存在的日子里，校园生活有了别样的色彩，不仅仅是厦大学子，即使与之萍水相逢的过客，即使是不经意的造访，都忘不了这个学府中的村庄。在厦大强悍的背景下，东边社只是小众，是异类，甚或怪胎，但它又显得如此生机盎然，充满生活气息。那些毕业后从事各种行业的厦大校友，当他们放下工作，远离职场，回到母校，总会怀念曾经存在的东边社。就是留在本校工作的老学生，在愈来愈陌生的新环境下，也不免感叹说：以前想要喝酒根本不用东奔西走，遑遑欲何之，只要慢条斯理地趿起拖鞋，下楼右拐进那条窄巷，花一元钱就可以买一瓶今已不存的鹭江啤酒，再花一元，还可以多买一包花生米下酒。几个室友分而饮之，不亦快哉。有人毕业后自主创业，开茶楼酒栈，干脆直接将自家店铺名为"东边社"。

　　自从东边社无声无息地消失之后，毕业返校的学生，望着其旧址上空荡荡的篮球场，心也空了。东边社与他们不可复得的青春，一同湮没在时光之中。东边社涣散、自由的氛围，温暖、平实的人情世相，已经融进他们的青春记忆，由他们带往天南海北，那是他们厦大生涯一道令人难以忘怀的人文景观。东边社带走了他们的青春，但留下了记忆。

芙蓉楼群

▲ 芙蓉四楼前盛开的凤凰花

在厦大校园，"芙蓉"是一个高频率出现的字眼，但它的用意可能出乎你的想象：一是它不是花，而是楼名，或湖水名、餐厅名。二是以芙蓉为名、装饰华丽的老房子，住的多是男生。三是"芙蓉"之名也是对厦大精神的一种演绎。芙蓉者，出淤泥而不染，暗寓着厦大人所应追求的人格精神。

真正的芙蓉花在校园内并不多见，惟有这些以"芙蓉"为名的楼群像花瓣一般，长年盛开。在芙蓉楼群中，最惹眼的大概就是分布路边的芙蓉一、二、三、四几栋，这些都是李光前捐资所建。芙蓉五、六以上是后人兴建，无论建筑风格还是质量，都无法与前者相比。芙蓉一至四楼群，建于 20 世纪 50 年代。以"芙蓉"为名，是李先生对家乡芙蓉镇的纪念。

李光前捐建的四幢芙蓉楼，总建筑面积 15387 平方米，建筑风格也是中西合璧，各楼结构几乎一致，皆是三层，局部四至五层，均是楼体西式屋面中式的长方山字形，外廊式，彩角柱，清水外墙面，个别侧面为混水墙面。西式屋体通风采光好，中式屋面又显得稳重耐看，其隔热保湿性能亦佳。四幢楼房廊沿柱皆用砖石砌筑，除了四号楼用白花岗岩，一至三号楼皆用釉标红砖。楼群三层柱帽上均用砖石方形交叉砌成圆拱。中间突出部位的底层既是入门厅，也做楼梯位。楼墙主体是花岗岩砌成，这种石材取之本地，作为建筑材料，有冬暖夏凉之效。石头外观古朴厚重，加上红砖镶嵌，平添几分婉媚。两侧房间像羽翼展开，楼内各层皆有宽大的长廊，大男孩们可以穿着裤衩在长廊上奔走、休憩，亦可凭栏观望三家村全景，不需担心日照雨淋，又能广纳来风，沐浴天光。

四幢楼群正立面外装饰有其寓意，芙蓉一至三号楼的红砖绿瓦表示青天红日，与红花绿叶的凤凰木相映成趣。芙蓉四是白墙红框，显得大方雅致。一些小装饰亦有可看之处，像芙蓉二前端墙楼牌石上装饰原有齿轮图案，两旁各有一只狮子头向着齿轮，看上去像双狮戏珠，象征中国"睡狮"时代已经结束。楼群的二三层的廊沿压顶底下，均安装绿色玻璃葫芦，别具风情。

由于楼体大都面南，阳光照在廊道上，可以用来晾晒衣物。月光如水之夜，亦可掬月华以赋诗，或蘸清光以佐酒。80年代，文学艺术尚为人看重，诗意不时还盘绕在人的心房。在月夜或清宵，行走于校园，风中不时夹带箫笛之声，宛如天籁。那时校内尚无高楼，这一缕缕清音，多半是从芙蓉楼的长廊上飘来。有时箫声笛音不那么流畅，许是吹奏者的习作，但是经过清风明月的润饰，每一个音符，都飘出梦一般的意境。

　　早期芙蓉楼内没有洗漱之处，学生们只能到附近寻找水源。那时靠近芙蓉二有一个发电站，建得像一个小亭子。从发电站到芙蓉二边门有几级台阶，台阶旁有一口井，不知这口井最初出现于何时，只记得它存在很长一段时间，芙蓉男生多在井边沐浴浣衣。大约在2000年芙蓉湖改造后，发电站尚在，这口井却不见了。

　　离南校门最近的芙蓉三曾是青年教工宿舍，现在住着女研究生。芙蓉一、二、三皆环抱芙蓉湖，站在廊道上即可望见芙蓉湖的柳色水光。对于芙蓉四的居民来说，就没有这么幸运了，但是他们的门前有几棵硕大的凤凰木，每到季节，花枝招展地向他们献媚邀宠。火红的凤凰花总能点燃他们的诗情，他们的生活从来也不单调乏味，何况东边社就挨着他们。

▼ 又是一年毕业季

石井女生宿舍

噫嘘唏，危乎高哉！石井之高，高于上青天！

在厦大，有一个神秘的"女儿国"，那就是"石井"。它不是一条路，也不是一座小村落，而是建在芙蓉隧道右侧石井山巅的宿舍楼群，住着厦大后宫七千佳丽。"危楼高百尺，手可摘星辰"，石井的高度令人畏惧。曲折蜿蜒的石阶长梯从山脚通往山顶，练就姑娘们苗条匀称的身材，珠串着美女们最灿烂的年华。

诗人海子说："我想有座房子，面朝大海，春暖花开。"厦大所有的房屋皆面向大海，石井楼更是理想的海景房，每一扇窗都远含着浩淼烟波，捕捉着流云海风，听得到浪涛和汽笛的声响。石井后面是漫山的相思树，每临五月相思的季节，金黄色的小花压满枝头。还有楼下石阶上的葡萄藤，晒着太阳的慵懒小猫。一切诗情画意都在酝酿之中，随着光阴一起生长。

比起芙蓉楼群，这里本是小姑独处之地。三四道关卡将那些充满渴望的男生挡在天边，加上管理宿舍的"石井太郎"严守门禁制度，姑娘们被保护得无微不至。但每周督导部的男生可以借着检查卫生的名义，堂而皇之地走进闺闱。要知道，多数男生可是终其四年，都无法踏入这片神秘花园。不过，历史上的1999年倒是充满奇迹的一年，先是一场台湾地震把没来得及更衣的"睡美人"们驱赶到上弦场附近，让男生大饱眼福。不久，一场百年难遇的14号台风又成全哥哥们多年的心愿，他们顶风冒雨，冲上石井，给断水断电的妹妹送去干粮，大有"英雄救美"之势，借机一睹深闺秘阁的风光。

石井门口每天都要上演一幕幕芳菲悱恻的大片，见证爱情的离合悲欢：有痴情男孩手捧玫瑰，望窗眼，心欲穿；有热恋者相拥相偎、难舍难分。夜阑灯熄之时，总有"十八相送"到此不忍一别的剧出，还有站在楼道，望着暗恋女孩与别人之情意绵绵，转身默默写下《我就这样看着你们分别》的芙蓉悲情。石井"门禁"是多少痴心男女的天汉银河！

关于石井门禁制度由来，有两个相似版本的传说。

版本一：厦大西语系某女生恋上闽南佛学院的年轻僧人。花前月下，两情缠绵，相见恨晚。于是，僧人决定冲破戒规，蓄发还俗，女孩却经不住现实的考验，选择逃避。被激怒的僧人冲上石井想问个究竟，却失手将女孩推下高楼，酿成悲剧。

版本二：他和她是一对青梅竹马的恋人，她高考来到厦大，他却落榜了。痴情的他为能与她相守，便削发为僧，在与她仅一墙之隔的南普陀寺出家。可惜，女孩不久提出分手，两人就在石井宿舍争吵起来。一失手，他把她从窗口推出去，他也殉情自杀了。

流传的故事难免悲凉。但冰冷的铁门毕竟锁不住青春的骚动，阻挡不了汹涌的爱情。

▼ 厦大有满山遍野的相思树

芙蓉餐厅

厦大校园内食堂甚多，像芙蓉、南光、勤业、凌云、东苑、海韵遍布各个生活区域，还有逸夫楼、蔡清洁楼等餐厅，自助、点餐，形式不一，涵盖多种菜系。其中芙蓉三楼小吃城、逸夫楼、蔡清洁楼等餐厅均对外开放。

"民以食为天"，翻开早期校史，你会发现自厦大建校之初，在建造堂皇富丽的大楼同时，膳厅就像辛勤的仆人亦跟随左右。只不过那时楼房有限，食堂更是寥寥，前人又大多遵循"君子远庖厨"的古训，餐厅与书斋总须保持一段距离。物质匮乏，厨子再不用心，跋涉至此，常无秀色可餐，难怪鲁迅抱怨吃饭成问题。那时有所谓东膳厅、东厨房、西膳厅、西厨房，稍后有丰庭膳厅、丰庭厨房，竞丰膳厅等等，这些膳厅旧址随着校舍扩展，或变为草地，或盖楼房，或铺成马路，一些新建的食堂、餐厅另择地而起。

20世纪七八十年代，在大南路一带，有丰庭餐厅、文史餐厅（原竞丰餐厅所在处）。位于今天克立楼后面的丰庭餐厅，傍晚供应的油条据说是全校最酥脆的，稀饭很黏稠。文史餐厅在七八十年代是文史哲各系学生的就餐点。晚餐后，中文系学生常到这里，搬掉桌椅，集体跳交谊舞。后来这两处餐厅都被拆除，大南路段惟余勤业餐厅独领风骚。

厦大食堂的今昔也能见证学校的变迁。七八十年代，食堂的"炒三丝"深受欢迎，算是相当高档的菜，一份一角五分。那时一个月15元就可以养活一个人。渐至后来，餐厅行情不断随着市场而变化。菜价一直看涨，学校补贴的力度也在增强，及至今天，厦大学生可以免费吃白米饭，还有不花钱的例汤供应，以保证家庭贫困的学生维持最起码的生活水准。这种做法已经持续多年，厦大学生离校后无不怀念这种近乎"共产主义"的美好生活。

在厦大众多食堂、餐厅中，芙蓉餐厅应是极好的餐厅之一。当你穿过三家村广场，右行上坡，百米外一条"涂鸦"隧道的左侧，就是大名鼎鼎的芙蓉餐厅。与艳丽妖娆的花名相匹配，芙蓉餐厅拥有一张红白相间的"芙蓉面"，其红色墙面宛若燃烧着人间永不熄灭的烟火。每当临近饭点，从三层餐厅里飘散出来的诱人香气，醉了周边红楼，漫了石井山居。

在平凡生活中，食物是舌尖最亲密的朋友。芙蓉一楼，两口巨型瓦缸蹲在入门最显眼位置。陶土容器内码放着一百多只瓦罐，那是用炭火慢煨七小时才成就的"千年奇鲜"——民间瓦罐煨汤。瓦缸右侧是油煎飘香的酥脆"鸡排"，号称"肯德基中的战斗机"，吸引无数饕客慕名而来。扶梯而上，最抢眼的要数二三层楼道对面墙上的八个"食"字，甲骨文、金文、小篆、隶书……不同字体雕塑的书法艺术汇聚一堂，提醒来往觅食的人们，中华美食传承千年，你现在可以用舌尖穿越历史，让味蕾绽放如千年前某一瞬间。

如果你是个吃货，那么尽可以去三楼小吃城任性。与外面昂贵的食价相比，这里算是学生们的小天堂。厦门海鲜、特色小炒、手工面食、风味小吃、鲜榨果汁……几十号窗口，各色食材追着铁铲于铁锅中翻滚，你的食欲也和弥漫的香气一起沸腾。一阵狂烈的齿颊运动之后，该是品赏校园时光最悠长的余味。

在那些不起眼的角落，往往隐藏着意想不到的美味。6号窗口逢高峰期人头攒动，八元一碗的招牌"手撕鸡拌面"供不应求。鲜嫩的鸡肉、清爽的黄瓜与柔滑的面条在秘制酱料撮合下，发生最美妙的关系。来自1号的"椰汁黑米粥"，文火慢熬至软的黑米与浓浓的白色椰汁互相交缠，香与醇扭在一处，揉出甜腻的口感。众多食客对13号"鸡蛋煎饺"之香脆可口情有独钟，即使未尝其美味，仅视其"颜值"之高，耐不住食指大动，恨不得将之纳入口中，大快朵颐。如果你有强烈的面食信仰，那么12号一碟小小的"热干面"打造出的地方风味绝对正点，其外表或许难以让人一见钟情，但味道绝对让你直呼过瘾。

与芙蓉餐厅相邻，东苑食堂是独一无二的清真餐厅，汇集着西北特色风味。其窗口前永远排着长队，忠实的面食爱好者们正耐心等待一场即将到来的盛宴。新鲜的牛羊肉混汁，浇淋在现拉现烫的劲道面上，你的味觉神经也将更有力道十足，绝对与之"爽"到底！

厦大每年都会举行校园美食排名的网络票选活动。其中位于建南楼群之山脚的"南光餐厅"，其"早餐"曾被评为厦门大学新"十佳美食"之一。叉烧包、茶叶蛋、红豆粥、薏米花生汤、玉米、蛋挞、汉堡……均是其早餐谱系，可谓中西兼备，应有尽有。南光晚餐也不逊色，六点准时售卖的特色老婆饼更是矫情地每人限购两个，售完即止。不仅饼味甚佳，其营销手段也不寻常。

当然，如果你有帅哥强迫症，靠近凌云宿舍半山坡的凌云餐厅亦是不错的选择，那里有秒杀视线的"都教授"，也有着花裤衩、跋人字拖的奇葩哥……

厦大各式食堂、餐厅一定是学子四年甚或更长校园生活最难割舍的记忆，即使你是一个匆匆过客，若干年后，你可能还会记得当初揣着辘辘饥肠，穿梭于各个食堂，迎着橱窗前扑鼻而来的诱人香气……

一切都已过去，一切又都停留在你的舌尖和脑际，让你搅拌着时间去咀嚼，去回味。

壁画隧道

芙蓉餐厅身后有一所优雅的"咖啡学院",其闹中取静的位置吸引不少文艺青年驻足。那一年厦大诞生,校园中开始流传一位华侨老人与一所大学的故事,所以"1921"成为这家咖啡馆的名号。咖啡馆坡下就是"中国最文艺的时空隧道"——芙蓉隧道。

芙蓉隧道自2005年破土动工始,迄今已有十余个春秋。这条全长1015米的校园通道沿途穿越狮山,将海韵那头"被厦大遗忘的角落",系在本部的心间。

曾经的芙蓉隧道好似蓝天白云,干净敞亮,冬暖夏凉,没有拦路贼,没有采花盗,男生女生穿行其中,一如顺着光阴滑落,流畅而单纯。然而,奇遇总是发生在不经意之间。某日下午,白花花的墙壁忽被记录下许多"美丽的错误",继而各种涂鸦之作如雨后春笋般破土而出,一发不可收拾。厦大崇尚自由与包容的个性,成全了一路的惊艳。

意外还在不断出现,防空洞里居然住起人,撑起一家自行车修理铺!再后来,越来越多的元素补充进来:散发小资情调的惜夕湾咖啡厅,富含技术含量的机器人工作室,爱心泛滥的"小绿"服务部……如今,这方承载着青春梦想的沃土汇集太多"不能说的秘密"。它岂止是一条人来车往的交通要道,它已成为想象力、创造力肆意挥洒的艺术园地。

踏进隧道口,仿佛穿梭时空,视觉神经遭遇想象力猛烈撞击。最早的杰作由2009年5月艺术学院学生完成,此后,各系天才纷纷挥笔上阵。侧壁上的个性涂鸦,天马行空,纵横恣肆,其中绝大多数神来之笔并非出自美术生之手。每年毕业季临近,墙上就会多出许多新作,那些旧画也就成为追忆。

这条独具厦大特色的艺术长廊,装满青春的狂热、躁动、理想和回忆。抽象的,写实的,风流的,唯美的,严肃的,俏皮的;有野兽派,有印象派,有古典派,有现代派;有大神级技巧精湛的,也有菜鸟级手法粗糙的,各类画风杂陈,相同的是不拘一格的想象力、创造力以及青春的希冀和念想。

如果时间允许,请穿越隧道,与他们一起进入梦境,阅读他们展开的心情。

第一部分 海之北 | 081

南普陀

大南校门

图书馆

颂恩楼

芙蓉湖

科学艺术中心

山之南

第二部分 山之南 | 083

大南校门

厦大有好几个校门,靠西北面的有南门,靠西南面的有西门。靠大学路和海边的,又有化工厂校门、白城校门、海滨校门、海滨东区校门等等,但是最早也是最正式的大门,应是今天的大南校门,又称南校门。

这座校门始建于1921年。2001年为庆祝厦门大学80年校庆,在1921年旧址的基础上按原来风格进行重建。校门呈欧式风格,由中式山墙与汉白玉圆柱构成,校门上方的"厦门大学"四字亦是辑自鲁迅手迹。

南校门朝西北向,在厦大校园西北面,严格说来应是西门或西北门,"南校门"或是"大南校门"的省称,而后者应是其正式的名称,因为这里原本属于大南片区,道路也叫大南路。

一直到20世纪70年代末,这个校门都是作为主校门,那时西校门还像一个情窦未开的少女,大南校门却已是一位见多识广的书生,呈现着开放大度的姿态。

暮鼓晨钟

"佛刹连黉舍"

"厦大一条街"往事

"馒头"与"豪华自助餐"

"佛刹连黉舍"

南普陀东山门有虞愚先生手书的对联，上联"喜瞻佛刹连黉舍"，言厦大与南普陀寺比邻而居，两者皆在五老山麓。

"五老山"（五老峰）因五个山头巍然屹立，时有白云缭绕，远望如五位须发皆白的老者并肩而坐，翘首遥望茫茫海天，故得名。山峰最高点有184米，山间林木蓊郁，奇石嶙峋，林中洞壑幽深，岩泉清洌，云兴霞蔚。沿石阶曲径登临山顶，可俯瞰南普陀寺，远眺厦门大学，山海风光尽收眼底。

从唐代初期开始，五老山就有僧人在此居住，据说五代时有僧人名清浩，在此结庐栖隐，静修佛法，始称"泗洲院"。后人认为"泗洲院"即南普陀寺的前身。宋初又有高僧文翠，断臂息心，在此参悟禅机，改称"无心岩"。元代时寺庙被废，直至明初复建，更名为"普照寺"。明末诗僧觉光和尚将庙堂迁建于山前，这时寺庙殿堂院舍等规模初具，常住僧人达百余众。清康熙二十二年（1683年），施琅大将军收复台湾，次年回到厦门任福建水师提督，捐资修建寺院，并增建大悲阁，供奉观世音菩萨。因寺院位于浙江普陀山观音道场之南，故于此时更名为"南普陀寺"。此后数百年，经过历代住持等诸位高僧多次相续扩建，至民国初年，已成三殿七堂俱全的禅寺格局，为近代闽南最具规模的名刹。

当厦大有了校舍，便有了瞻望五老峰和南普陀寺的窗眼。那一夜，鲁迅在集美楼凭窗北望，南普陀夜景成为他心情的点缀："今夜周围是这么寂静，屋后面的山脚下腾起野烧的微光；南普陀寺还在做牵丝傀儡戏，时时传来锣鼓声，每一间隔中，就更加显得寂静。电灯自然是辉煌着，但不知怎地忽有淡淡的哀愁来袭击我的心……"[1]转眼间，故人已去，南普陀寺依然在时空中轮转着。三十余年前，寺前还是一片杂草丛生的小坡地，每到夏夜，萤火飞舞，蛙声如鼓。如今石块铺成整齐的路面，车尘人潮滚滚而至。南普陀寺的牵丝傀儡戏早已不见，周边的高楼和大树也挡去窗前的视线，惟有钟鼓声重复着当年的"寂静"。

"佛刹连黉舍"之所以可喜，或因在全国高校中，与寺院毗邻的学府并不多见。而且，南普陀不仅是一个寺庙，它也是"闽南佛学院"所在地。曾几何时，不少佛学院学生到厦大听课，也有一些厦大学生到南普陀学习禅修，参加由佛学院名师组织的"青年禅学社"。历史上主要的三大思想流派——儒道释三教，在五老峰下并存共荣，应是中国文化思想史上的一段佳话，也是难得的一道人文景观。

注　释

[1] 鲁迅《写在〈坟〉后面》，《坟》，人民文学出版社，1980.7，P275。

"厦大一条街"往事

自 20 世纪 80 年代末开始，大南校门可是风光一时，那时门前的道路很小，街道两旁都有人行道。有趣的是靠南普陀一边的人行道几无行人，靠厦大校园这边的人行道每日路人如过江之鲫，街北街南宛若阴阳两极。南边都是店面，大概有七十多家，有两三家书店，有看录像的放映室，有电子产品店，有理发店，有服装店、伞店、眼镜店，更少不了面馆饭庄餐厅。最刺眼的是一家 KTV "港都夜"，闪烁着恶俗的霓虹灯。往中山路方向的街头有一个豁口，口上有几家川菜馆，当时正流行水煮活鱼，吸引不少厦大学生光顾。据说一家号称 "重庆老川" 的小炒店，豆花活鱼很香，店家态度很拽，其对面的东北食府，生意也火爆。从又脏又乱的路口往里走，底下是面积甚大的一个菜市场，各种肉铺、鱼肆、菜摊、杂货店交织一处，吆喝叫骂、嬉笑打闹之声混合一团。这里地势本就低，地面总是潮湿，雨天更是像罩着一片湿布。一度有一家河南人摆了一个砂锅面摊位，以其价廉量足味美，很是受人追捧，许多年轻人到这个市场，多半是奔这家砂锅面去的。

▼ 那时的一条街

  这就是当时极负盛名的"厦大一条街"。在还没有大型超市，更不知互联网淘宝为何物的往日，厦大师生获取物质资源的途径，就是"一条街"。在物质更为匮乏的20世纪七八十年代之前，一条街曾坐落着酱油厂、饮食业公司等国营单位的门市部。改革开放以后，厦大恢复正常办学，但是学校的经济实力及教职员工、学生的生活条件都很有限。那时深圳大学已开始在校园外辟一条学生街，搞得很红火。厦大总务处派专人去深圳考察，开始筹办南校门外的学生街。街上的店铺由厦大租赁给商家，或由私人承包去经营。80年代后，经济大潮激荡，"厦大一条街"上的商店也几经更换，追随着中国经济的走向。从国营单位的门市部到个体经营的店面，到台湾人投资开设的"鸭庄"以及效法西方的"套餐"文化，在一条街上轮番登场。西方文化随着中国门户开放涌进来，到厦大执教或读书的外国人越来越多，一条街上的商店也与时俱进，"洋"味也越来越浓。最早一家是主打法国拿破仑蜗牛，其独特的味道，吸引不少食客。而后面包店、奶茶店开张，麦当劳、肯德基相继登陆，在一条街上叱咤一时。到90年代，一条街达到极盛时期，商铺鳞次栉比，货色五花八门，过客摩肩接踵。

  当时"厦大一条街"诸多店面中，各种书店占据不小地盘，有学人、新青年、建筑书店、阳光书坊、文心阁等等，其中最有精神品味且也最受厦大师生热捧的应数"晓风书屋"，书店不大，但心气甚高，专卖高品位有精神档次的书籍或学术论著。那时偌大的店内常常挤满人，音乐背景是若隐若现的古琴，时或志在高山，时或志在流水。周边几家书店，卖的多是通俗类的读物，店内摆设杂乱无章，更无背景音乐，品味就不如了，惟有后起的阳光书坊，志尚与晓风差可相近，但风骨自是有别。渐至后来，其他几家书店见势不妙，都关门了，惟有"晓风书屋"还在坚守着。一直到最后，店租越来越高，晓风书屋的生计也支撑不下去，只好搬到厦大医院附近一个偏僻的角落，书店大了不少，书籍也更多了，但是每次路过那里，看到偌大且风雅的店内，只有一个看店的小女孩蜷缩在一角。

  在一条街上，吃饭的地方算是最多，有兰州拉面，有快餐店，有过桥米线，有烧烤，还有活色生香的各式小吃店和各种套餐，但最权威也最有信誉的明星餐馆则非"林家鸭庄"莫属。这家台湾版的饭庄大约于1988年出现在一条街上，在当时算是厦大一条街上比较上档次的饭店。鸭庄以经营卤鸭肉套餐为招牌，还有一些台湾特色菜肴，其中一道号称"生菜鸽松"，颇受食客眷顾。这家饭店不仅帮助厦大师生集体见识台湾人的经营理念和商业素养，许多在厦大工作或学习的外国人则通过林家鸭庄，开始触摸中国。这家台湾人开的夫妻店，老板夫妇皆礼貌和蔼，招呼也周到，快餐收费还算实在。厦大师生几乎把这里当成校内食堂，每到中午或傍晚的饭点，这里座无虚席，日复如此，以至老板不得不加大规模，又设一个地下餐厅，空间大了许多，桌上铺着绿色格子布。鸭庄似乎专门为厦大而设，其营业时间基本根据厦大时间来安排，厦大放寒暑假，这家店也放假，即使是旅游旺季，店主也毫不犹豫地张榜告示，暂停营业。厦大开学，鸭庄也重开门户。

  一条街上在店与店之间，见缝插针，夹杂着修理手表、换电池的小柜面，后来还有卖烧烤的小摊子，有挑着担子卖水果、卖水仙的流动小商贩。在窄小的人行道上，还点缀着几个雅致的乞讨者，他们是会拉二胡的盲人。那时乞讨似乎还没有成为一种职业，路上所见多是真正的乞者，他们就像一段愉悦的文字中夹杂的叹息。经常出现在一条街上的有二人，一个是老者，双目塌陷；一个是高高瘦瘦的男子，脸上手上均有大片被火烧伤留下的疤痕，眼睛的形状已不规则，有人称之为"阿炳"。他们出现的位置和时间都相当固定，尤其是那位老者，基本上都是坐在一家银行的门口。他们总是静静地坐在一个矮小的木凳或折椅上，面前放着一个破烂的小容器，膝上铺着一小块色彩模糊的布块，上面搁着二胡。川流不息的人群可能留意不到他们的存在，但是二胡咿咿呀呀的乐音却执拗地在一条街上流泻。对于厦大学子来说，四年时光难免有重复的日子，二胡声却是一段若隐若现的不一样记忆。

当经济发展进入相对稳定期，人们的生活条件明显提高后，各式小资情调的咖啡馆、精品店又进军一条街市场。随着经济迅速发展，生活节奏加快，道德危机等相应出现，寻找精神的安顿，追求健康的生活，加上邻近南普陀，各式素菜馆也陆续开张，吸引越来越多的宗教信仰者、素食主义者、环保主义者，或者仅仅只是出于健康考虑的顾客。

红尘滚滚的一条街，与对面清静的寺院具象呈现着方内与方外之别。不过，时常可见踏着芒鞋、身著僧衣的出家人，他们同样流连于烟火人间，分享着俗世的热闹。

90年代以后，一条街上的各种店铺逐渐衰落，后来连整条街都不见了。有人考证说，一条街消失于公元2008年6月。如今新的商圈已形成，名叫"厦大一座楼"，大概指的是今天西村的"富万邦"。"一条街"模式后来被复制为"南光一条街""海滨学生街"，现在又有"曾厝垵一条街"，但昔日的"厦大一条街"及其周边的生态环境，已随着流光一去不返，不可复得。

"馒头"与"豪华自助餐"

▲ 勤业餐厅

　　从大南校门进来,往前走几百米,在一段三岔路口,有一座圆乎乎形似馒头的建筑物,它就是今年刚开张的新勤业餐厅。新餐厅是在老餐厅基础上扩建而成,名称不变。在现有厦大众多食堂中,勤业餐厅的资格最老,已存在三十多年。因餐厅外观呈圆形,故又有"圆形餐厅"之称。

　　这个餐厅向来以馒头著称。由于名声太响,馒头常常供不应求。路上时见有人手拎一袋馒头,得意告知"正从勤业餐厅抢到几块!"还有住在校外的厦大员工每天专程到勤业餐厅抢购馒头。这个大约110克重的五毛钱馒头甚至还惊动了校长——由于经常买不到馒头,师生愤而上书校长,结果是馒头实行限购。于是江湖传言:"爱她,就请她吃勤业馒头,因为哈根达斯可以用钱解决,但勤业馒头常常抢不到"。

　　新勤业餐厅果然不负众望,仍然建成一团圆乎乎的"馒头",而且比原来大了好几圈。日后众生即使抢不到馒头,望着它也一样垂涎。不过,现在到勤业餐厅用餐不仅不必担心吃不到馒头,还有豪华自助餐等着你享用。

　　勤业新餐厅顺应时代的需要,完成其华丽的转身:其一,餐厅面积和容量增大。原来餐厅共有两层,建筑面积1200平方米,现在是四层,面积是1.1万平方米。餐厅过去容纳2000人用餐,当前在理论上可达6000人到8000人。上下楼有扶梯和电梯。其次,管

理智能化，并配备一些新式"武器"，比如用电动煮饭器焖米饭，这套煮饭器是由日本引进，据说是全国高校第一套。其最大好处是用电而不是用燃气，环保节能；煮饭用焖而不是用蒸，把米饭煮出农村土灶才能烧出来的效果。煮饭过程所有步骤都是自动化，无法偷工减料：洗米设定的时间是3分钟；大米得泡上40分钟，再用20分钟煮饭；煮完后还要焖上30分钟。按这样严格步骤焖出来的米饭，不香都难。此外，厦大某教授为餐厅设计了一个餐盘传送系统，三层用过的餐盘都可以通过这个系统传送到地下一层，送入自动洗碗机，改变以前餐盘都是由人工清洗的状况。

馒头依然是勤业餐厅的品牌，不同的是现在放开供应。馒头之外，各色菜肴糕点也比以前成倍增加，令人目眩神迷。餐厅现有三层对外开放，一、二层是学生食堂，三层是教工自助餐厅。自助餐开张那天，吸引来众多的学生。"吃货"们大快朵颐，叹为吃止：用餐环境高大上，菜品应有尽有，主食丰富到"只有你想不到，没有师傅做不出"，餐后水果不廉价，咖啡、饮料随便喝。另有现煮区，沙茶面、关东煮，想吃啥自己动手。全程下来，只要掏25元。为此，校园内遂有新版传言："爱她，就请她吃勤业自助餐，因为哈根达斯全世界都有，但勤业自助餐仅此一家"。

从普通的"馒头"到豪华的"自助餐"，勤业餐厅之营业理念体现出更强的包容性，不仅反映管理者之慷慨大方，更有体恤与关怀，所以有人说"吃的不只是味道，而是情怀"。

▲ 勤业餐厅内景

▲ 勤业餐厅走廊

▲ 勤业餐厅楼梯口

书生本色

图书馆

林语堂纪念室

文庆亭

王亚南雕像

图书馆

站在大南校门口，就能看到栅栏后有一片楼房，那里就是厦大图书馆。

厦大图书馆最早设立于民国十年，著名图书馆学家裘开明、博物馆学家冯汉骥、文学巨匠林语堂、金融学家朱保训以及数学家陈景润等，都曾任职于此。最初，馆舍设在集美楼，一度又在建南楼群最东侧的成智楼，甚或分散各处。原先有一段时间图书馆将文史书籍集中在集美（二），设立一个"文史阅览室"。不几年，这个阅览室又取消了。不仅这些专科阅览室皆归并总馆，文理科各系的自家阅览室也一并被收编。就像中文系，本来有一个阅览室，在鲁迅纪念馆楼下，由于处在长长的廊道中，朝晖夕照在廊道上拖着影子，雨帘风幕不时撩动着情思，无端拧出些许诗意。不少中文系的才子佳人喜欢在这里看书、做梦，看书累了，有的就端一张椅子坐到廊前，吹着箫。后来这里也关门了。漳州校区、翔安校区建立之后，本部又有一部分图书分别被送至那里。

林语堂先生认为，一个学校的好坏，取决于图书馆。在信息尚不发达的时代，图书馆好坏尤能看出一个学校教学科研条件，也间接反映一个国家之文化教育、科技发展的水平。厦大图书馆建馆之初，"当时规模窄小，称图书课，隶属于教务部。所藏的图书，仅数百册。至民国十一年，乃脱离教务部而独立，改称图书馆，直辖于校长。始规定分类法，编制卡片目录，厘定规章"。[1] 随着时局变化，图书馆的命运也与世浮沉。抗战期间，萨本栋校长竭力保护图书资料，使许多图书免受一劫。但"文革"浩劫，还是无法幸免。改革开放以后，厦大图书馆随着学校教育规模扩大而迅速发展，尤其科技进步突飞猛进，信息爆炸，图书馆藏书量越来越大，检索书籍卡片的抽屉早就退出历史舞台，借书时的签名不用了，代之而来的是电子检索系统，图书设备和管理也在日趋完善。

现有图书馆馆舍落成于1987年，2001年、2008年进行改造扩建。目前除了这座面积达2.6万平方米的总馆外，另有法学、经济与管理、东部（曾厝垵）学生公寓等三个专门分馆，阅览座位3000个；漳州校区图书馆面积3.6万平方米，阅览座位4000个；翔安校区图书馆面积7.3万平方米，阅览座位4000个。三个校区总面积14万平方米，阅览座位11000个。各分馆与校本部实现高速网络连接，图书和信息资源与校本部共享，同时已实现全校图书资源统一配置，面向全校师生开放。此外，图书馆正从学校面向社会，从国内走向国际，利用网络环境，开展跨校、跨地区的合作，目前已与15个国家和地区的200多家大学图书馆建立馆际互借和出版物交换关系，教育部在本馆设有科技查新工作站。

历经九十多年的积累，截止2014年12月，图书馆内纸本馆藏为481.8万册，电子馆藏443.2万册，合计总馆藏量为925万册。另订购在线电子期刊6万种，其中中文期刊2.8万种，外文期刊3.2万种。文献收藏涉及各学科领域，尤以哲学、管理学、政治学、法学、经济学、语言学、历史学、数学、物理学、化学、生物学、海洋学、机械与电子工程、计算机科学等学科领域的文献更为系统，在东南亚研究和台湾研究的资料建设方面尤具特色。馆内还拥有大量的古籍线装书、光盘、录音（像）带、缩微平片等资源，是国家重点古籍保护单位。

现有这座图书馆自然比成智楼的旧楼板要结实许多，并处处可见科技发展的实绩。随着电子网络咨询愈益发达，阅读不再一定亲临现场，可以借助现代科技手段，享用图书馆完备的网络服务和资源，在电脑或手机上浏览图书。然而，阅读电子书籍毕竟不能取代翻阅纸质图书的快感。在宁静的室内，听书页翻动的轻响，将自己浸泡在图书馆浓浓的书香之中。若是阅读古籍，那发黄的卷册，优美的书体，淡淡的霉味，书页上偶尔一现的虫孔，让你穿越古今，如同泯没了时空。

何况，在厦大图书馆看书还有一种特殊的待遇，就是林语堂先生一直陪伴在身旁！

注　释

[1]《厦大校史资料》第一辑，P183-184。原载《厦门大学十周年纪念刊》，1931年4月。

林语堂纪念室

在图书馆内有一个隐秘所在——"林语堂纪念室"。纪念室位于总馆四楼南侧,室内陈设林语堂先生使用过的家具、手稿及其著作,并展出国内外有关林语堂研究的新成果。

林语堂祖籍是福建漳州芗城区天宝镇五里沙村,1895年10月10日出生于福建平和县坂仔镇,原名林和乐,排行老五。其父林至诚通过自学识得一些文字,入当地教会随牧师修习神学,不久成为一名职业牧师。林语堂六岁时在村里教会办的铭新小学读书。十岁那年,林语堂来到厦门鼓浪屿,先在养元小学读书,后入读教会办的寻源书院。1911年于寻源书院毕业后,进入上海圣约翰大学,改名林玉堂。他原本打算像父亲那样当一名牧师,后来他对神学失去兴趣,改学文科,并选择语言学为其专业。1916年在圣约翰大学毕业,经学校推荐,林语堂到北京清华学校任英文教员,同时从事语言学研究。此时他亦关心文学革命,提倡白话文,与从美国回来的胡适博士同声相求。1919年,林语堂与鼓浪屿富商廖家二千金廖翠凤完婚,夫妻一起远赴美国。林语堂在哈佛大学研究比较文学,一年后因无力支付高昂的学费,应基督教青年会招募,保留哈佛学籍,携妻赴法国凡尔登附近小镇教华工读书识字。有一定积蓄后,又转至生活费用较低的德国,先在耶拿大学就读。1922年2月获得哈佛大学硕士学位后,又从耶拿到莱比锡大学攻读语言学博士学位。1923年学成归国,在北京大学任英文教授,兼北京女子师范大学讲师,着力于古汉语音韵学研究,也开始撰写杂文与随笔,因提倡"幽默文学"而声名鹊起。1924年,林语堂参加鲁迅等人创办的语丝社,为《语丝》刊物的长期撰稿人之一。

20世纪20年代初,新文化运动如火如荼,其核心成员多为北大教授,但他们在学术思想和政治见解上存在分歧,形成两大阵营,一边以章太炎为首的留日派,另一边是以胡适为代表的留欧美派。林语堂于1923年回国到北大任教,所面对的就是这样一个文化局面。继《语丝》创刊不到一个月,1924年12月13日胡适也创办《现代评论》周刊,陈源(陈西滢)、徐志摩等人为主要撰稿人。秉持自由主义人生态度的林语堂与胡适关系不错,也与鲁迅交好,在北京文坛极为活跃,对政治也甚为热衷。1925年"五卅惨案"发生后,他与学生一起走上街头,用竹竿、砖头与军警搏斗。1924年底发生长达一年的北京女师大风潮，语丝派和现代评论派就此展开激烈论战，林语堂站在鲁迅一边，支持进步学生行动。现代评论派则指责语丝派煽动学生闹事，由此引发陈源和鲁迅的笔战。结果是教育部发表《停办女师大令》并免去鲁迅教育部佥事职务。林语堂撰文支持鲁迅等人对"正人君子"的批判，鲁迅亦引林语堂为同道，于1925年底为其所创办《莽原》向林语堂约稿。

1926年3月18日，段祺瑞政府杀害游行请愿的学生刘和珍、杨德群等人，这一天也是鲁迅所说的"民国以来最黑暗的一天"。刘和珍是北京女子师范大学的学生，时林语堂甫任该校教务长兼英文系主任。惨案发生后，鲁迅、林语堂纷纷写文章谴责当局，段祺瑞前后两次下令通缉"暴徒首领"，林语堂、鲁迅、周作人皆在第二批通缉名单之中，林语堂不得不在北京四处避难。1926年5月林语堂在其漳州老乡林可胜（即林文庆儿子）帮助下离开北京，携家来到厦门。1926年9月，林语堂出任厦门大学文科主任，同时开始筹备建立厦门大学国学研究院。这期间，林语堂罗致一批北京的著名教授到厦大国学院，请来鲁迅、《北京晨报》副刊主编孙伏园、研究中国古史权威学者顾颉刚、中西交通史权威学者张星烺、国学大师沈兼士、罗常培等，厦门大学一时颇有北大南迁之景象。后来有人回忆在厦大见到林语堂的模样："当时林先生只有三十上下，经常穿长袍黑马褂，梳得亮亮的头发，俊秀英楚之态，不但光彩照人，而且慧气逼人"[1]。

1926年底，因陈嘉庚先生在南洋的橡胶业不景气，厦大经费为此减少。时任理科主任兼代校秘书的刘树杞原本就反对成立国学研究院，这时借机削减国学院的业务经费，国学院办公处又被生物系讨回，而不得不迁到集美楼。沈兼士、鲁迅等人愤然辞职，国学院的那些"引进人才"开始人心涣散，并"飞鸟各投林"，自寻出路。鲁迅离开前后厦大又爆发第二次学潮。1927年2月，厦大国学院宣布停办。林语堂在厦大也呆不下去了，正

林语堂与廖翠凤
林语堂
林语堂夫妇与三个女儿

好其朋友武汉国民政府外交部长陈友仁邀他任秘书。1927年3月间，林语堂离开厦大赴武汉就职。3月22日，顾颉刚也退还厦大聘书，相继离去。

1927年9月，林语堂又从武汉来到上海，不久被蔡元培聘为中央研究院英文主编兼国际出版品交换处处长。是年十月初，鲁迅和许广平也从广州抵达上海。1932年9月，林语堂创办《论语》刊物，继承《语丝》"任意而谈，无所顾忌"的路径，以其活泼幽默的风格吸引众多读者，鲁迅也是《论语》的支持者和撰稿者。但与鲁迅视文学为"匕首"和"投枪"有所不同，林语堂更乐意借助幽默表现性灵和闲适。

林语堂在厦大的时间不足一年，但他对于厦大的影响和启示，无论当时还是现在，仍然不容忽视。首先，他为厦大的发展引进一大批当时中国最优秀的人才。他把北大一批名师请到厦大，又继之筹办国学院，厦大文科一时人才荟萃，使得厦大国学院起点颇高，从而对厦大文科的发展产生长远影响。其次，林语堂以其跨文化学术研究为厦大学子树立榜样。林语堂一生致力于中西文化交流，对中国人讲外国文化，对外国人讲中国文化。他曾创造性地将英文"humour"译为"幽默"，并创办第一本提倡"幽默"的《论语》杂志。"对外国人讲中国文化"更是他一生倾力为之，其《吾国吾民》《生活的艺术》《京华烟云》等名著皆以英文写作，"把渊深的中国文化通俗化了介绍给世界"[2]。他被誉为"两脚踏东西文化，一心评宇宙文章"的跨文化交流者。他的研究领域与他的人生视野一样开阔，他的思想自由穿行于古今中外文化之间，学术研究也提倡将历史文献资料与地下文物、民情民俗考察相结合的跨学科方法。其人生态度和文学思想及其向世界传播中国文化的功劳，今天仍然值得我们纪念。

厦大总馆内原来尚有一个房间专门作为林语堂纪念室，现在却寄居在阅览室边上的"偏房"。为何厦大没有单独给林语堂设立纪念馆，却让他蜷缩图书馆一角？尤其与鲁迅独自拥有一整层楼相比，二者待遇未免悬殊。或因鲁迅后来成长为左翼作家，始与林语堂"相得"后又"相离"，由褒鲁而至疏林？这种边缘化的位置，难免令人怀疑林语堂在厦大

▲ 厦大林语堂纪念室

▲ 鼓浪屿林语堂故居

人心中的分量。

然而，将林语堂"藏"在图书馆内，又未曾不得其所。林语堂向来有图书馆情结，把他安在他认为一所大学最重要的地方——图书馆，或许正中其怀。在《林语堂自传》中，他说在中学阶段被强迫上课，看教员指定的书，"皆极为我所厌恶的"，感叹"如果当时有一图书馆，充满好书，任我独自与天下文豪神交，我当得特殊的鼓舞。不幸在中学时，没有图书馆设备"。进入上海圣约翰大学，他除了听课，做作业，其余时间都泡在图书馆里。及至"后来到了哈佛大学，得在那图书馆的书林里用功，我才悟到一向在大学的损失"[3]。1926年7月25日，林语堂一到厦大，就参观图书馆。恰巧时图书馆主任裘开明赴美留学未归，林语堂欣然接受了校方让他代理图书馆主任的职务，接着积极开展工作，扩充馆藏，添置图书，加强图书馆的科学管理，并提倡教师和社会人士赠书。在他的倡导下，鲁迅、孙伏园，还有其他厦大教师和厦门青年会都纷纷赠书，林语堂也将自己《汉字末笔索引法》一书赠送校图书馆。此后厦大图书馆藏书日益丰富，林语堂首功不可没。

"幽默大师"林语堂对图书馆于学习者的意义曾有生动比喻："图书馆是神秘的丛林，每个探险者就是林间的小猴，为了寻找合适的坚果，从一棵树跳到另一棵树，畅饮潺潺的溪流，品味果实的甜美。"另一是"熏火腿"的办法："要熏火腿，我们须将生肉放在室中，以烟熏之，久而久之，它必成为火腿。为辩论起见，我可以说，我们也可以将学生关在图书馆里，任他们在里面抽烟，或打瞌睡，但久而久之，他们会对学问发生兴趣，而成为学问丰富的人。"[4] 今天，在安静的图书馆内，每个来此"觅坚果"的厦大学子，日日都能与林先生打照面，即使只是与之擦肩而过，然承其惠泽熏沐，成为被熏陶过的"火腿"，应是林先生对厦大的又一贡献。

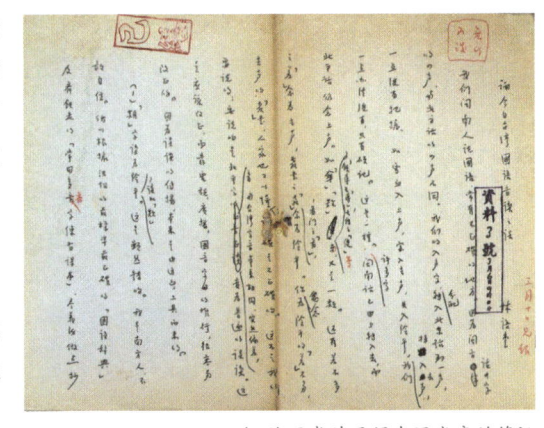

▲ 林语堂关于闽南语发音的笔记

注　释

[1] 林太乙《林语堂传》，中国戏剧出版社，1994，P45。转引自《芙蓉湖畔忆三林》，P153。
[2]《芙蓉湖畔忆"三林"》，P180。
[3]《林语堂文选》（下卷），张明高、范桥编，中国广播电视出版社，1990.8，P434，437。
[4] 转引自《芙蓉湖畔忆"三林"》，P193-194。

文庆亭

从图书馆大门出来右拐，路边有一棵羊蹄甲树，花开时艳若飞霞，香气袭人，从那里往前走，到一个小三岔路口，在一湾绿水旁有一个小亭子，就是文庆亭。文庆亭是为纪念老校长林文庆而建。亭上一副对联曰："十六载耿耿乎礼门义路，百千年熙熙矣时雨春风"，横批"唯文有庆"，依稀可见老校长昔年的风范。

林文庆，字梦琴，福建海澄（原属漳州，今属厦门市海沧区）鳌冠村人[1]。1869年10月18日，林文庆出生于新加坡一华侨家庭。其幼年父母双亡，由祖父抚养成人。儿时在福建会馆附设的学堂读《四书》《五经》，又学英语。1879年考入新加坡莱佛士书院。1887年因学习优异，获英国女皇奖学金，为获得该项奖学金的第一个中国人。毕业后，赴英国爱丁堡大学攻读医学，五年后，获医学内科学士和外科硕士学位，并因成绩优异，学院专门授予他Atholl Medal金质奖章，不久后即受聘于剑桥大学研究病理学。1893年春，他回到新加坡，自己开业行医。其精湛的医术为他赢得良好声誉，引起殖民地政府的关注和重视。行医之余，他也经商，涉足橡胶业、银行保险业等，并广泛参与各种社会活动。1896年，他与人合作试种从南美洲巴西引进的树胶，开办马来亚第一家树胶种植园，获得巨大收益。陈嘉庚就是在他影响下经营橡胶园，陈嘉庚誉之为"马来亚树胶之父"，他们也就此结下终生友谊。林文庆也热衷地方公益事业，关注社会民生教育现状，努力为同胞争权益谋福利，因此深受华人拥戴，几年内连续当选立法会议员。29岁那年便获得"太平局绅"的称号，此后不断获得甚多荣誉。林文庆对汉语也有较深的造诣，且熟谙闽、粤方言。他还精通马来语、泰米尔语、日语等，有"语言天才"之美称。

1900年7月，林文庆在新加坡帮助营救孙中山的日本友人宫崎寅藏，从而与孙中山成为至交好友。1906年，林文庆加入中国同盟会。1912年初，林文庆应孙中山聘请，到南京担任临时政府内务部卫生司司长，同时兼任孙中山的保健医生。不久，孙中山辞去临时大总统职务，政府北迁，林文庆又返回新加坡，继续从事医务和教育等方面的活动。

邓萃英辞掉厦大校长职务后，陈嘉庚连拍几封电报到新加坡，聘请林文庆到厦大接任校长职务。恰在此时，林文庆接到孙中山从广州发来电报，召林文庆回中国从事外交工作。于是，林文庆就把陈嘉庚聘请之事告知孙中山，同时让孙中山代自己做决定。孙中山回电赞成林文庆到厦大出任校长，林文庆马上于1921年6月放弃优越的侨居生活，举家归国，接长厦大，开始长达十六年的厦大校长生涯。

▲ 林文庆雕像

林文庆就任后,制定厦门大学的"校训""校旨",绘制校徽,设立校评议会作为议事机关,要求教学"切于实用,造就高等专门人才"。他用《大学》中"止于至善"四字作为厦大的校训,以培养学生"人人为仁人君子"。在他看来,"自强不息"只是一种积极的人生态度,"止于至善"则是一种可以毕生为之奋斗、追求的最高目标。为了加强师资力量,他在海内外广求贤才、延揽名师,像文坛宿老陈衍就是经林文庆岳父黄乃裳推荐,为林文庆聘为厦大文科教授和国文系主任。1927年以后,林文庆依然竭尽全力补充师资,此时受聘厦大教授、后来在学界名声大振者,有原清华大学教授、北京师范大学国文系主任杨树达,原南开大学教授、哲学系主任汤用彤等人。

建校之初,正是陈嘉庚实业的鼎盛时期,有强大的经济实力做后盾,林文庆与陈嘉庚商定大力发展厦大。鉴于厦门偏处东南一隅,又非全国文化或经济中心,著名教授学者一般不愿到此。于是,学校采取重金礼聘的方策。当时,陈嘉庚参照上海复旦大学校长及专任教授月薪200元的标准,将厦门大学教职员的薪俸定为校长月薪500大洋,教授月薪最高可达400大洋,讲师200大洋,助教150大洋,秘书70大洋,事务员最低也有25大洋。按当时标准,月薪500大洋便可买一幢别墅,而25大洋的月薪也可养活五口之家。1926年正值第一次国内革命战争时期,奉系军阀占据北京,迫害进步知识分子,北京政府处于风雨飘摇之中,国立各大学经费无着,教职员生活无法维持。北京八所高等院校(北大、北师大、女师大、农大、工大、艺专、法大、医大)校长被迫集体辞职,京沪等地教授学者纷纷另谋出路。在这种形势下,厦大重金礼聘的方策收到一定效果。1926年从3月至12月,应聘来厦大的著名教授、学者有二十人。

自1925年底开始,厦大就已着手成立国学研究院,并设立筹备总委员会。当1926年下半年以北大国学门主任沈兼士为首的一批学者联袂南下,成立国学研究院终于提到议事日程。沈兼士为国学院主任,林语堂为研究院总秘书,林文庆兼任院长。鲁迅、顾颉刚、张星烺等人为研究院教授,孙伏园为编辑。1926年10月10日,举行国学院成立正式大会,林文庆在会上发表演说,提到十余年前他在北京一次医学会议上,看到"一般人对于医学名辞,多用洋文,将中国固有名辞,完全废弃,不禁生无限感慨!因念中国数千年来固有文字,竟衰退一至于此,真是令人痛心切齿!"又说他来长校后,曾征询陈嘉庚先生"对于本校之宗旨,究竟注重国学,抑或专重西文?"陈先生认为"两者不可偏废,而尤以整顿国学为最重要"。林文庆声称:"故鄙人来校之后,对于国学,提倡不遗余力,此次特组织国学研究院,聘请国内名人,从事研究,保存国故,罔使或坠。"同时,林文庆强调要以科学精神和认真态度从事国学研究[2]。

国学研究院选址沿袭林文庆自然与人文并重的思路,设于生物大楼,陈列部展室与植物标本馆、动物标本馆均在一起，以本院职员的私藏为主布展。但是，由于国学院内部的矛盾、国学院与理科之间的冲突以及国学院与校方的龃龉，最终酿成"国学院风波"，国学院很快就下课了。

在林文庆主持下，厦大很快走上正轨。举凡聘请教职员工、招生、院系调整、校舍兴建，林文庆无不躬身亲为，使得学校顺利度过草创时期，厦大终于在荒凉的演武场上站立起来。林文庆为厦大打下巩固而健全的基础，创建了厦大作为综合性大学的学科体系。其时有人评论说："其能超然独立，专心以从事研究者，在华北惟有南开，在华南惟有厦大而已。"厦大也因此被誉为"南方之强"。

1934年，陈嘉庚经营的企业在世界经济危机的袭击下宣告破产，厦门大学也濒临关闭。1935年，林文庆毅然回南洋为厦大募捐，他每天都是五时左右起床，九点多钟出发，一直到晚上一、二点钟才得睡觉。终为厦大筹募经费20万元，帮厦大挺过难关。

林文庆在中学、大学读书时接受的是英语教育，大学读的又是医学专业，但他对中国传统文化极为认同，他曾动情说："然我最为中国幸者，中国五千年之文化，至今犹见昌明。彼波斯埃及印度等国亦古代文明国也，今其古代之文化胥归湮没。我中国周公所制之周礼，至今尚如日月经天，江河行地。"[3] 在他长校之时，学校经常组织尊孔、祭孔活动，孔子的生日被列为重要节日，全校放假，"以示恭祝"。除了主持日常校务之外，他还从事儒家伦理研究及其他著述活动。他喜爱屈原《离骚》，并于1929年完成《离骚》的英译，由英国著名汉学家翟理斯（H. A. Giles）和印度著名诗人泰戈尔（R. Tagore）作序出版。

在执长厦大期间，林文庆一直住在厦门鼓浪屿笔山路5号私宅。这幢欧式别墅名称"梦琴别墅"，建于20世纪20年代初。林文庆一生凡两娶，其结发妻子是著名维新志士黄乃裳的长女。1908年，林文庆原配夫人黄瑞琼在新加坡病逝三年后，林文庆续弦殷氏。其第二任夫人殷碧霞从小生长在厦门，在鼓浪屿教会中学读书。1909年林文庆夫妇在鼓浪屿从一黄姓人家购得一块宅基地，此后十余年间不断扩充，至林文庆出任厦大校长后，遂建成这幢别墅。

▲ 梦琴别墅

梦琴别墅依山而建，地面二层，地下有一隔潮层，卧室、书斋、琴房、厅堂，悉备俱足。前厅屋面是一个宽敞的大平台，主人旦暮晨昏可在此远眺近观，将苍天碧海，朝霞夕霏，一并纳入胸怀。据说林文庆在其鼓浪屿家中过着"钟鸣鼎食"的生活，其家里有一座精美的小铜钟，在招待特殊客人用餐前，先敲击铜钟以表敬意。每天到厦大办公，林校长要徒步或乘轿，走几里路在鼓浪屿海边码头坐小舢板，穿越六七百米的厦鼓海峡到厦大海滨的一个小码头（今厦大医院附近），再走到位于生物院的校长办公室。一直到1937年厦大改为国立，林文庆才返回新加坡。1957年元月，林文庆在新加坡逝世，享年88岁。其临终遗嘱将他五分之三的遗产和鼓浪屿别墅，捐献给厦门大学。

林文庆是奠定厦大发展基石的真正"首任校长",可是林文庆在厦大校史上曾是一位长期被刻意回避的人物。在中国大学校长之列,他也"被失踪"长达半个多世纪之久。而在新加坡,林文庆却是无人不知的杰出贤达,他是儒学家、实业家、教育家、社会改革活动家,还是一位手到病除的良医。在厦门,他还参与发起并创办了中山医院。可是在很长时间里,厦大没有一砖一瓦用来纪念这位校长。有人认为,林文庆在厦大遭受"冷遇",或因他不予理由解聘教员而发生"驱林"学潮,由于他和陈嘉庚的坚持,导致欧元怀等九名教授带200名学生离开厦大,到上海另起炉灶,创办大夏大学(今华东师大前身)。后来又因创办国学院,与一大批著名教授不和。在国学院设立后六个月,林文庆未能拨出他已答应的支付款项,结果酿成鲁迅、孙伏园、沈兼士、林语堂等离开厦大,刘树杞辞职去武汉筹建武汉大学的事件。其中主要原因或是林文庆骨子里认同中华文化,他一方面想采取西方科学民主来改革中国,另一方面却主张坚持儒学原则,提倡"无论大学中学,皆当读孔孟之书,保存国粹",这是逆当时"打倒孔家店"的潮流而动。

是非功过由人评说,林文庆对于厦大的贡献却不容否定。在其执长厦大十六年间,基本上是遵循他在"校旨"中宣称的"一方面研究学术,以求科学之发展,一方面阐扬文化,以促社会之改进"的目标,把厦大办成一所海内外闻名的大学。当时厦大理科和文科师资力量皆很强大,大都是"海归"博士,尤在海洋生物等研究方面有许多新发现和新发展。对于国学和英文,林文庆亦极重视。国学院存在的时间虽不长,这些学术精英们的到来却打开学生的眼界,让他们接触到当时的学问高处。林文庆不遗余力宣扬中国传统儒学,似乎不合时宜,但他始终坚守信念,一再强调"不要忽视我们的旧学","我们固有的文化,维持了中国数千年的社会,现在虽说有一部分不适用,然而大部分的,还是很有价值,应该加以发扬光大的",认为现代学生应以"中国古代之文化为基础"[4]。今天,经过多次政治经济大潮冲击或摧残的中国传统文化,重新回归我们的视野,回想林文庆校长以一己之力抗逆潮流,为传统儒学起而呼,我们不得不敬佩他眼光之深邃,见识之非凡,勇气之可嘉!

值得欣慰的是,2006年厦大85周年校庆之际,在校园一个不起眼的位置终于出现一个文庆亭,当时《厦门日报》也以大篇幅发表文章,回顾林文庆的治校功绩。是年11月,厦大与新加坡南洋理工大学联合举办"国学与西学:林文庆创办厦大国学研究院80周年纪念国际学术研讨会"。2008年厦大87周年校庆前夕,林文庆的雕塑在文庆亭旁落成。在揭牌仪式上,现任校长朱崇实教授发表讲话,肯定林文庆校长在陈嘉庚先生的领导下,不懈奋斗,无私奉献,初步实现厦门大学"南方之强"办学目标的功绩。

"禾山巍巍怀师德,鹭水泱泱见道心",文庆亭旁两副对联道出后学对老校长的敬仰之情。

注　释

[1] 参见严春宝《一生真伪有谁知:大学校长林文庆》,福建教育出版社,2010年4月,P14。
[2]《国学研究院成立大会纪盛》,1926年10月。《厦大校史资料》第一辑,P138 - 139。
[3]《校庆三周年林校长演说词》,《厦大校史资料》第一辑,P229 - 230。
[4] 林文庆《大学生应有之态度》,《厦大周刊》第292期。转引自《芙蓉湖畔忆"三林"》,P125。

王亚南雕像

从文庆亭前右行,然后左拐,前面是一条浓荫覆盖的笔直道路,右边是"亦玄馆",为"厦大萨本栋微纳米技术研究中心",大门前有一尊萨本栋校长的全身塑像。由此继续往前走,路的尽头就是厦大经济学院,学院门前有一尊王亚南胸像。王亚南是继林文庆、萨本栋校长后,在共和国建立之初出任厦大校长,他也是现代中国著名的经济学家和教育家。这尊半身塑像于1986年落成,塑像下方有一句题辞:"我们应以中国人的资格来研究政治经济学",王校长一生都在进行这种努力。

王亚南(1901—1969),字渔村,又名直淮,湖北省黄冈县团风镇人。王亚南十二岁时,父亲病逝,藉大哥和已出嫁的姐姐资助,他得以在武昌第一中学读完中学。1923年,他抱着"教育救国"的志愿,考入武昌中华大学教育系。由于读大学花费较大,兄姐无力资助,王亚南不得不每天来回跑几十里,到近郊的楚材中学兼上英文课,后又到武昌成城中学兼任英文教员,靠半工半读念完大学。1927年,大学毕业后,王亚南赴长沙参加北伐军,在军中担任政治教员。这一年,大革命失败后,白色恐怖遍布全国,王亚南离开长沙回到武昌,适遇留法回国的夏康农,两人相约同赴上海,但因生活所迫而流寓杭州,借住于大佛寺。在这里,他结识了后来也成为著名经济学家的郭大力,两人共商翻译《资本论》。

1929年,王亚南东渡日本,开始接触并研究马克思主义经济学,翻译西方古典经济学名著。1931年,"九一八"事变后,他回国兼任暨南大学经济学教职。1933年11月,国民党第十九路军爱国将领发动反蒋抗日的"福建事变",在福州成立福建人民政府,王亚南出任人民政府文教委员和《人民日报》社社长。"闽变"失败后遭国民党通缉,于是取道香港前往欧洲,在德国、英国从事经济学研究和翻译工作。1935年冬,经日本回国,在上海与郭大力合作,全力投入《资本论》的翻译工作。1940年9月,他担任中山大学经济系教授兼经济系主任。1944年,离开中山大学前往福建永安,出任福建省研究院社会科学研究所所长。同年,兼任厦门大学经济系客座教授。1945年,应邀前往福建长汀任厦门大学法学院院长兼经济系主任。1949年1月,他被国民党特务列入黑名单,被迫前往香港。1949年5月,北平解放,王亚南离港经天津赴北平,任清华大学教授。1950年6月,中央人民政府特命王亚南为解放后厦门大学第一任校长。

王亚南从小就胸有大志,酷爱读书。幼年在家读私塾时,他能熟读《论语》《左传》《国语》《离骚》《史记》等典籍。中学时，为了争取更多学习时间，他怕自己贪睡，竟仿效司马光的"警枕"，设计一个把床板两边架空的"警床"，特意把自己睡的木板床一条腿锯短半尺，成为三脚床。每天读到深夜，疲劳时上床去睡一觉，但稍一翻身，床板就会失去平衡，被惊醒后起床点灯，继续读书。由于勤奋，他年年都取得优异成绩，为班内的三杰之一。20世纪30年代王亚南在上海，被当地学术界誉为"一个非常刻苦的学者"。数十年间，无论生活如何坎坷，环境如何艰难，也无论未成名时，还是已出名后，王亚南都抓紧点滴时间，坚持学习和钻研学问。即便在1949年那段被称为"黎明前的黑暗"日子里，他也不放松学习和写作。

早年没有钱买书，王亚南设法借书读，或整天到书店看书，或把书借来整本整本地抄。抗战期间在中山大学执教，他身居陋室，潜心治学，经常风趣地对人说："穷一点好，穷而后工。这比我在上海靠卖稿过活要好得多了。"新中国成立前生活不安定，时常东奔西走，他养成在旅途中看书的习惯，有时手边的书看完了，就背随身带的一本英、德、日、汉四种语言的词典。1933年，他取道红海去欧洲，红海风浪很大，同船旅客几乎都晕船，据说唯有王亚南叫服务员把他绑在圆柱上，然后聚精会神地读书，观者无不惊异。一直到他当厦门大学校长时，还保持着旅途看书的习惯。解放初期，从厦门到北京交通不便，要走一个星期，他每次出去开会，都随身带一箱子书，专业的、历史的、文艺的、外文的都有。他喜欢阅读文学书，建议看小说就要看名著，因为大文豪思想修养高，看他们的书就是与伟人进行灵魂和精神的交流。他自己就非常爱读莎士比亚和托尔斯泰的作品。

王亚南长期从事教学和研究工作，时间安排比较自由，但他却为自己制定一条守则：非星期天不看影剧，即使是好片子和精彩的演出也不动摇。据说20世纪60年代，王亚南在上海主持编写教材，有一次，一个著名的芭蕾舞团来沪演出，时间只两天，他的助手劝他去看。他虽感兴趣，只因为这两天都不是星期天，就执意不去。在工作紧张的情况下，他甚至连星期天、假期也很少休息。1956年，其儿子王洛林陪他到青岛。在一次散步时，王亚南批评儿子："今后再也不能像这次这样接连几个星期尽是玩，不做学问。"当年十八岁的王洛林不服气，反驳说："现在是暑假。"王亚南说："学问没有寒暑假。"就是在生病休养期间，王亚南也不忘学习。他血压很高，1965年党组织强制他到无锡太湖疗养。结果没住满一星期，他就跑回来了，一进门就对家人说："吃不消，吃不消。"他在给一位朋友的信中这样写道："我不打扑克，不下棋，也没有一套病史可以津津乐道，住在疗养院很无聊，反而会住出病来。"又有一次，厦门大学党委做出决定要他休息，他写信给党委说："一个人如果整天在那里不做一点工作，生活还有什么意思？"1967年，他已被打成"反动学术权威"，在被批斗之余，还在抓紧学习法语。仅仅用了七个月时间，他就能读法文毛主席语录。直到1969年8月，他患脊椎恶性肿瘤半身瘫痪，还说"我下半身不能动了，但是脑子还可以动，两只手还可以写，我还可以做些力所能及的工作。"1969年11月13日，王亚南因肿瘤恶化病逝于上海华东医院，享年68岁。

王亚南执长厦大期间，极为关心学生的生活和学习，很多毕业后的学生回忆老校长无

不心存感激。厦大曾经为严肃校风校纪，规定学生在校不能穿拖鞋，但可以光脚，即使在20世纪80年代，对学生还有这样的要求。20世纪50年代至60年代，物质普遍贫乏，不少人为了减省买鞋开支而打赤脚，加上南方气候炎热，校园中出现许多"赤脚大仙"，连女同学也不例外。据后来留校担任厦大领导的刘瑞堂老师回忆说，1952年他考入厦大物理系，那年11月，他与同班七位同学在大礼堂旁建筑工地上遇到王亚南校长，王校长看他们都光着脚，便问他们是哪个系，哪个年级。没想到第三天，班主任找到刘瑞堂，说王校长委托学生科问他们七位同学的鞋号。不久，他们拿到王校长给他们买来的回力球鞋，还是高筒的[1]。

著名经济学家于光远概括王亚南一生的两大成就："一是翻译《资本论》和以此为武器研究中国；二是为厦门大学的事业作出了巨大的贡献。"其实更值得称道的是，王亚南是一位懂得人的价值的经济学家和教育家。在王亚南担任厦大校长时，外语系有位教师书教得不好，但是小说翻译得很好。王亚南特地借来这位教师翻译的小说阅读，并找外语系教研室主任谈话，指出每个人都有他的长处，我们要用其所长。

王亚南与著名数学家陈景润的故事更是一段佳话。1950年春夏之交，陈景润高中尚未毕业，以"同等学力"资格报名参加军干校未成，但被厦门大学录取。当时陈景润读的是数理系，入学时四个学生一个班，老师几乎是手把手教他们。在厦大，陈景润常在勤业斋的小屋发奋学习，且达到忘我的程度。有一回，他从食堂回来，一阵海风扯来一片雨幕，同学们见状都飞跑起来，只有他在雨中依然稳步前进。他的同班同学惊奇地问："你不怕淋雨吗？"他才恍然大悟。因其对学习的痴迷，同学们称他为"爱因斯坦"。1953年，陈景润提前一年大学毕业，被分配到北京四中任数学教师，但因口齿不清，也不擅辞令，被拒绝上讲台授课，只可批改作业。后又被停职回乡养病，最终被学校辞退。没有了工资，生存受到威胁，出于无奈，陈景润只好靠摆地摊过日子。王亚南校长到福州出差在街上遇到他，认为大学生在街上卖香烟，实在太浪费人才，于是将他带回厦大，由数学系主任将他安排在数学资料室，让他专心从事数学研究。陈景润的第一篇论文被送往华罗庚处，被华罗庚看中，王亚南立刻放人，陈景润遂在1957年再次调到北京，在中国科学院数学所工作。后来他终于攀登上数学的高峰，摘取到皇冠上的明珠。著名作家徐迟在其著名报告文学《哥德巴赫猜想》中记叙了这件事，并称赞王亚南为"一个懂得人的价值的经济学家"。

除了陈景润，中文系的李拓之也是被王亚南校长慧眼识珠，进而破格提拔的"引进人才"之一。李拓之也是福建福州市人，其天资聪颖，才华出众，在20世纪40年代前后在国内有影响的文学刊物发表许多诗文作品，名动一时。当时李拓之欲来厦大谋职，系主任郑朝宗积极向王亚南校长推荐。但是李拓之文化程度是初中，不符合厦大人才引进的标准。王校长不愿埋没人才，让李拓之将发表的诗文等送来。王校长看完李拓之的作品后，当即决定聘用李拓之为副教授。李拓之在"反右"运动中被打成"极右分子"和"反革命"，二十多年没有工资，1979年平反后写了多篇颇有价值的论文，但几年间就去世了。李拓之终其一生都是"副教授"，若不是王亚南校长，他可能连副教授都当不上。

注　释

[1] 厦大57级余扬政《雪泥鸿爪——大学生活回忆点滴》，见《凤凰树下——我的厦大学生时代》，厦门大学出版社，2006.3，P152。

芙蓉映水

芙蓉湖

林荫道

科学艺术中心

嘉庚楼群

芙蓉湖

▲ 芙蓉湖畔的校训石碑

在芙蓉一、芙蓉二、芙蓉三、芙蓉四这几栋芙蓉楼环抱的中央有一池湖水,也以"芙蓉"为名,称作"芙蓉湖"。据说此处最早是当地农民的菜地,但20世纪70年代末就已看不到菜地的模样,一大片都荒在那里。80年代初,校方考虑没有校内公园,就把这片52亩的低洼地开垦出来,挖成10亩左右的人工湖,周边种上柳树,还有栀子花、瑞香等花木,形成一个园区,名曰"芙蓉园"。

当初芙蓉湖的设计相当巧妙,眼前是一景,走几步或转个弯,又是一景,曲径通幽,暗香浮动。春天到了,芙蓉湖清晨裹着一层薄薄的雾气,诗意盎然,风情万种,春宵夏夜的晚氛更是撩人。厦门的夏季特别长,这时芙蓉湖简直是艳光逼人,莳花翠柳,明艳得勾魂摄魄。昼有蝉噪鸟喧,夜则蛙鸣虫唱,到处都在喷涌着爱情,那些花草更是拔地疯长。无论在湖边徜徉,还是在邻近的林荫道散步,时不时都能闻到不知何处袭来的花香。

在盖嘉庚楼群时,芙蓉湖也进行大规模的改造,原来湖心岛的花圃被移走,修了一座小石桥,立了陈嘉庚与学生们在一起的雕像。湖东面辟出大片地盘,作为露天舞台,与嘉庚主楼正面相望。新修的芙蓉湖面积明显缩小,湖边移步换景的曲致没有了,水木湖石皆一览无余,风丝也不再夹带着花香。刚改建后的芙蓉湖面,宛如一个大脸盆,有人戏称之

"芙蓉坑"。

21世纪初，芙蓉湖畔来了一位汉白玉雕成的女孩，这尊雕像高70厘米，名曰"清风"。但见一个耸肩仰首望天的白衣少女，正在承受着湖畔清风的吹拂。这尊雕塑是广州雕塑院钟志源的作品，获2004年第十届全国美术作品展览铜奖，原作收藏于中国美术馆。作品试图通过衣饰褶皱表现肉眼看不到的"风纹"，以突出"清风"的主题。"清风"于2006年厦大85年校庆时，落户在芙蓉湖边，由是被厦大学兄学妹们称为厦大的"芙蓉姐姐"。也有人认为她"含胸"，性别特征不明显，对她不感冒。

芙蓉湖如同一颗晶莹的明珠，镶嵌在厦大校园中心。芙蓉湖中游曳着绿头鸭，还有黑天鹅，有时白鹭也来光顾，平添几多生趣。湖光山色，飞鸟水禽，花影人踪，和谐地构成一幅动态美景。芙蓉湖畔的柳树也由青涩而变得曼妙，周边的白花洋紫荆扎堆绽放，恣意地热闹着，虽无致远的香气，却也妩媚着一段时光。

一切都需要时间的积淀方能成长，芙蓉湖也是如此。

▼ 芙蓉湖全景

林荫道

▲ 昔日的林荫道

在 20 世纪 70 年代末，当芙蓉湖还是一片未开垦的处女地，其中一条柏油路已经大大咧咧地铺在那里，路的两边种着凤凰木及一些杂树。这些树都长得很高，枝叶相交，树荫浓密，这就是今天嘉庚广场前的那条道路。现在路面整齐多了，却少了原有的诗情画意。那时，林荫道在大片荒地中显得特别孤单，也特别惹眼。春季软风骀荡，那里仿佛蕴蓄着无限的诗思和绮梦。夏夜下过一场小雨后，地面上一些坑洼之处在朦胧的路灯下，闪着俏皮的眼波。林荫道之温情美丽，让它获得一个雅号——"香格里拉大道"。秋冬以后，这里的风却凌厉起来，原有的柔媚都不见了，路过那里的人像在逃难，风刀夺命般片片杀来，一些心怀不满的人便称之为"西伯利亚大道"。

芙蓉湖开凿出来后，林荫道的风小了，她的美色也就更令人惊艳。那时校内极少汽车，多是行人，有骑着自行车的学生或老师。只要不是为了赶路，经过那里，人心都会安静下来，不自觉地放慢脚步，深深吸吮着空气中弥漫的馨香。当年厦大美甲天下的名声甚嚣尘上，恐怕这条林荫道为之加分不少。

从林荫道往今天的逸夫楼方向而来，曾要经过一小段石桥。桥下是两湾对称的湖波，就像一副眼镜，人称"眼镜湖"。又因整个湖呈半月形，又被称"月亮湖"或"半月湖"。此湖面积虽不如芙蓉湖大，但甚有野趣。桥的左右两端各是一条土路，分别通向现在的图书馆及芙蓉二，这两条路在一条纵线上，与林荫道和石桥形成垂直线。小土路边缘立着高大的白皮桉，其树皮光滑，躯干挺拔。在湖的这边往山的方向张望，看到的是一片蓬勃的灌木丛，呈露着不可遏制的野性，再远处就是五老峰的身影。20 世纪末，建嘉庚楼群，眼镜湖被填平，铺成马路，遗痕已经一点都看不见了。

科学艺术中心

　　这是2007年8月建成的大块头。此前这里有一栋大楼,号称"博学二",曾是外文学院所在地。楼型是稀松平常的火柴盒状,由于坐落在芙蓉湖畔,多少沾惹点艺术气息。那时,在湖畔水边,不时能听到有人在高声朗读英文,或背诵英语单词。21世纪初,外文学院迁走了。

　　科学艺术中心共四层,地上三层,地下一层,建筑面积近19000平方米,总投资约人民币8000万元。该中心内有915座的大型报告厅,同时兼作数字电影厅,一个508座音乐厅,一个约2000平方米的大型展厅。其外观设计既有现代审美理念,又带有中国传统文化的元素,在设计理念上秉承厦大传统建筑的一贯思路,同时又有所创制,比如其楼顶颜色,一改厦大常见的红瓦而为绿瓦,与芙蓉湖碧波翠柳相映成趣。

　　为了铭记翰名教育科学基金会捐资助学的义举,这座建筑被命名为"翰名楼"。2006年4月,厦大85周年校庆之际,基金会发起人、厦大国贸系86届毕业生萧恩明得知母校要建科学艺术中心,决定捐赠人民币3000万元,资助中心建设。该中心建成后,不向学生和学院开放使用,而是直接交由厦门大学后勤集团管理,所有学生组织及学院使用场地皆要交钱,校内外一个样。

　　现在这里是学校举行大型学术、文化活动的重要场所,几乎每个月都有各式文化学术活动在这里进行,如果你赶得巧,或许能看到一场高大上的音乐演出。

嘉庚楼群

　　嘉庚楼群是目前厦大最显眼的建筑群，也是厦门大学的标志性景观。这组楼群是由厦门大学建筑系师生设计，1996 年开工建造，2001 年 8 月厦门大学建校 80 周年华诞之际落成，总建筑面积近 5 万平方米。整个楼群兼备鲜明的闽南民居风格和嘉庚风格，注重闽南式大屋顶与外廊建筑西式式样的巧妙结合，以斜屋面、灰墙、红瓦、拱门、圆柱、连廊、大台阶为基本特征，并以廊道组合成一个整体。

　　嘉庚楼群也是"一主四从"型，其建筑理念还是与中国传统文化中"五行观"有关，这也是当年校主陈嘉庚创制并一直在厦门大学保持的传统。不同的是，厦大旧建筑一律是坐北朝南，背山面海，可能因地形限制，嘉庚楼群的五个大汉一致坐西朝东。由于五栋大楼体积都很大，主楼更是鹤立鸡群，在厦门周边高处都能看到其身影，在厦大更是极为显眼。主楼呈长条方形，楼顶是四方形中间三角棱隆起，有人戏称之"穿西装戴斗笠"。

　　嘉庚楼群所在之处原来也是一片菜地。90 年代后，在教育大发展的形势下，学校招生数量急剧上升，教师队伍也不断壮大，无论是教室还是办公场所都已供不应求。向来极为热心母校教育建设的海外校友，仍然不时慷慨解囊出资兴建新校舍，嘉庚楼群即是顺应时代发展，在校友的资助下而建立。

▼颂恩楼

五栋楼群或以捐款者姓名为名，或表示捐款者报效母校之恩。但是作为教学单位，一般习称嘉庚1、嘉庚2等等。主楼（颂恩楼）是嘉庚楼群的3号楼，两侧从右到左分别是嘉庚1、2和4、5号楼。旁边四幢从楼均为六层，它们分别是保欣丽英楼、成枫楼、钟铭选楼、祖营楼。

　　嘉庚主楼（颂恩楼）是目前校园内最高的楼，高98.5米，共21层，象征985、211院校，也象征着迈向21世纪。现为校部机关、部分研究院办公或教学用房。这栋楼是泰国实业家、厦大知名校友丁政曾、蔡悦诗伉俪认捐2000万元人民币修建而成。为颂母校之恩，颂陈嘉庚校主之恩，取名为"颂恩楼"。主楼大门旁有《颂恩楼志》石刻。

　　保欣丽英楼即嘉庚楼群1号楼，这是由香港校友黄保欣、吴丽英伉俪捐资630多万元建造。黄保欣先生1945年毕业于厦大化学系，是香港著名企业家、社会活动家。该楼现作为管理学院教学和办公之用。成枫楼即嘉庚楼群2号楼，是由新加坡华侨吴定基、李织霞伉俪捐资528万元兴建，以李织霞女士的父亲李成枫先生的名字命名。也是管理学院教学和办公楼。祖营楼即嘉庚楼群4号楼，由菲律宾华侨洪文炳先生捐赠款432万元建造，以其父亲洪祖营的名字命名。此处现为物理机电学院的教学和实验场所。钟铭选楼即嘉庚楼群5号楼，由侨居香港及新加坡等地的华侨钟江海、钟明辉和天德集团的钟琼林昆仲共同捐资740多万元兴建，以其父名命名。现作为学校现代教育基础中心用房。

　　厦门大学自1921年由爱国侨领陈嘉庚倾资兴办，九十多年以来，嘉庚先生爱国兴教的精神蔚然成风，一批批社会人士和校友弘扬嘉庚精神，饮水思源，出资襄助教育。为了感谢与铭记这些支持厦大建设的校友和社会热心人士，厦大不少楼房是以捐资者或其家属的名字命名，如克立楼、逸夫楼、建文楼、自钦楼、蔡清洁楼等。面对这些以个人名字命名的楼房，我们不难感受到捐建者对厦大教育事业所倾注的殷殷之情。

　　颂恩楼前站立着一对由仰恩大学赠送的巨型石狮，两边夹道的花坛里栽种着80棵高山榕，这是2001年厦门校友会赠送给母校80华诞的礼物。主楼前的开阔地即嘉庚广场，那里原是林荫道的中段，现已看不到昔时的景象，原先的静谧也已消逝。芙蓉湖的水波依然在风中泛着涟漪，青草绿柳也依然蓬勃于四季，可是怎么看，都不曾有往日纯净的诗意，但见湖畔竖立着八块圆形艺术石雕，那是美洲校友会的捐赠品，上面刻着百年校训："自强不息，止于至善"，昭示着大学建设的最初精神旨趣。

风景拾遗

大南小别墅群

最后的"丰庭"

大南小别墅群

▶ 大南9号

从大南校门进去即"大南路"。这一路可看的风景似乎不多，却有一些故事。这块片区向来属于学校生活区，大多是宿舍，还有一些小店铺，其浓厚的生活气息一直蔓延到"三家村"，可谓是厦大最有烟火味的地带。在烟熏火燎之中，隐藏着几栋小别墅，透着已逝的闲适和自在，也纠结着历史的恩怨悲欢。

这些统称"大南小别墅"的建筑群落基本上都分布在大南校门附近，原来多是菲律宾华侨的私人庭院，在厦大出现前后，它们应该就在这里。逐渐地，厦大像一团越滚越大的雪球，它们也就纳入厦大的地界。它们中有的主人已经远逝，有的尚有后代接续，房产有的充公，有的仍属于私人。这种看起来颇为怪异的现象，恰可见厦大建校过程的历史辙痕，这些小别墅也在映证着厦大的今昔。

据说早年菲律宾华侨组成实业开发公司，修建一些道路房屋，现在大南楼群中的数栋也是当时启建。只是没过多久，厦门沦陷，大南别墅工程无法继续。这几栋楼那时被人买下，但他们为了躲避战祸，迁到菲律宾，结果房子被日本人占领。日本投降后，他们寻根回国，要讨回旧居。1945年9月，时汪德耀任厦门大学校长，因当时厦大复员，楼房紧缺，汪校长出面向楼主借用这些住房，他们答应了，但只是口头协议的形式。

原先大南楼群应有十栋，现在却存者无几。大南1曾经是厦大居委会所在，楼下是教职工住宿，尔后被拆除，原址在现建文楼位置。紧挨大南校门内左侧一条刚铺就的石板路上，右边有两栋小别墅式的建筑，分别是大南2号和3号，前者曾是厦大派出所驻地，派出所后来迁到现在的坡顶，别墅就成了厦门大学资产经营有限公司。后公司搬迁到上李科技园，这栋楼至今无人居住，园内杂草丛生。大南1与大南3据说属同一人产业。大南3号建于20世纪30年代，建造者是菲律宾华侨。大南4号平屋建于1961年，曾经是法学院著名教授陈朝璧的住宅，后作为厦大工会办公所，早也拆除。大南 5 号原先也是一位华侨的寓所，现在一家设计公司驻扎在这里。

在今天"克立楼"路口往凌峰路前行，左边依次可看到大南 6 号、7 号小别墅。大南 6 曾于 1976 年重建，原为厦大教工补充住房，现在是逸夫楼西餐厅。据说大南 7 号建于 1904 或 1905 年，原是一个华侨的府邸，内有漂亮的花园。卢嘉锡曾住在这里，后来一度作为教工宿舍。近年经过重新装修，成为厦大校友会所在地。

往凌峰路继续前行，右手边有一个小庭院，这就是大南 8 号楼。门楣上从右到左隐约有四个黑字"卧云山舍"，下方从左到右有"……革命到底"的字样，看上去颇觉左右不是。据说菲律宾华侨曾以 30 万买下这座庭院，园内原本有个网球场，院子奇大无比。由"卧云山舍"数字可见，主人襟抱闲逸，志趣洒脱。

20 世纪 80 年代后，这里易为厦大统战部办公所。1991 年 4 月，档案馆建成迁到这里，许多厦大学生的档案及厦大校史档案资料等都藏在馆内。档案馆搬走后，换成"能源政策研究院"。离 8 号楼不远处，就是大南 9 号楼，现在是厦大幼儿园。

在大南路上，那栋夹在逸夫楼胳肢窝下又旧又破的小黄楼，即大南 10 号楼。凡是往芙蓉楼群方向走，谁都可以看到它，但谁也都不太在意它。其他小别墅都被粉饰一过，只有这栋小黄楼至今还保留着最原始的状貌，即使难免与岁月一起悄然变老，甚或被人遗忘，却仍然矜持地守着低调的奢华。

▲ 大南别墅旁的安静的小路

▲ 大南 7 号（厦大校友会）内景

由这些小别墅依稀可见，最初在山之南这片土地上也是一个小社会，其中有居住在大南别墅中的富人，也有住在东边社的平民，甚至从贫富所居之处，可见地貌的优劣和变迁。自厦大建成以来，越来越庞大的校区，把这些属地纳入其内。这些遗存的建筑物，或许可以见证厦大由椎轮而至大辂的建校过程。

第二部分　山之南 | 117

最后的"丰庭"

如果说芙蓉楼群主要是男生的王国，原先的丰庭楼则是女生的香闺。丰庭之名据说取自李光前家族祖居地"丰庭村"。1950年12月，厦门大学建筑部成立，陈嘉庚亲自主持扩建厦大工程，"丰庭楼区"工程就是其中之一。原先丰庭楼群共三座，附带一幢单层普通膳厅与厨房。三座楼房皆是单向外柱廊式，一、三为南北朝向，丰庭二为东西向。其建筑设计较之建校初期有所突破，白岩红砖琉璃瓦，骑楼走廊配以绿色玻璃葫芦状栏杆，既有传统民族风格，又不乏南洋的亚热带风情，是"嘉庚风格"的新典范。只是丰庭一、二后来都被拆除了。

现在唯一存留的丰庭三，其南面正对大南路，中间楼梯部位上面一堵山墙（也叫女儿墙、端墙）砌筑装饰原来颇为奇妙，两端各雕砌一根尖柱帽的短方柱为界区，中间是较高"人"字形的墙面，在其下方的女儿墙中，嵌入带白框的辉绿岩长方形楼牌石，石牌上刻着"丰庭第三"的阴文。在牌石上端饰以白色凸起的一枚五角星，墙沿又雕砌花纹凸线，形似彩带，使得整个山墙望去星光闪耀、彩带飘扬。加上屋面檐口装饰有绿色琉璃滴水垂珠，整个屋面显得多姿多彩。这大概也是丰庭三能够幸免被拆毁的原因吧？但是，现在的丰庭三门面已有所变化，女儿墙上的五角星已经摘除，"山"字形墙面易为"人"字形，

琉璃滴水垂珠也已不见。但是其古雅的风韵，在周边潦草的现代建筑中，还是显得那么与众不同，却又那么落寞。

在上世纪七八十年代，丰庭一、二、三号楼都还在。我们所住的"丰庭"则是另一栋火柴盒式的现代建筑，原址在今天女博士居住的丰庭园区，那时全校女生都住这栋楼里。楼前有一个很大的空地，前边就是丰庭餐厅。丰庭楼层有三，每层只有一个公用厕所和几间浴室。比起南北通透外廊式的芙蓉楼群，我们所住的丰庭则是内廊式，南北向都有房间，中间一条通道，道旁往往堆积着每间屋里放不下的杂物，更增加通行的困难。住在南面，冬天有阳光，夏天不用晒，北面的住户就没有这么好的条件。幸好那个时代，大家读书都像拼命，白天基本泡在图书馆或教室。晚上多半等到快熄灯才回去，匆忙盥洗一下就上床了。晨光尚未露白，学校大喇叭已吹响，无论梦有多美，不得不被晨练者轰然的脚步声砸碎。这座丰庭楼拆除之后，女生们就移居到新盖的石井楼。

像许多老建筑一样，丰庭楼一、二，包括我们曾经住过的"丰庭"，已经退出历史舞台。如今这片"丰庭园区"是一个小区，主要住着女博士，也有少数男博士，属于厦大的"高级"住宅区。据说丰庭一拆除之后，楼体大量的花岗岩石材依然坚实如初，它们被就地筑入新建的丰庭博士楼区，作为厦门大学"更上一层楼"的基石。

丰庭女博士楼的居住条件算是目前厦大学生公寓中最好的。时代在变化，学校住宿条件也在改善，像芙蓉四早年一间房住十个学生，丰庭是八人一间。现在许多新宿舍楼建成，每间都配有电话、空调、宽带。女博士更是备受关爱，一人住一间，每间有独立卫生间和阳台。有机会到厦大来当"女博士"吧，你一定会成为令人羡慕的第四种人[1]。

注　释

[1] 曾有人说：世上有三种人，一是男人，一是女人，还有一种是女博士。所谓"第四种人"此处戏称"厦大的女博士"。

代跋 从凤凰花开的路口到情人谷

又到凤凰花朵开放的时候，
想起某个好久不见老朋友，
记忆跟着感觉慢慢变鲜活。
染红的山坡，道别的路口，
青春带走了什么？留下了什么？
剩一片感动在心窝。
时光的河入海流，终于我们分头走。
没有哪个港口是永远的停留。
脑海之中有一个凤凰花开的路口，
有我最珍惜的朋友……[1]。

在南国夏日，行走于厦大校园，你随处能看到绿树间喷发着团团红焰，那就是凤凰花——凤凰木开出的花。坐落在三家村广场旁的芙蓉四，门前就有几棵凤凰木，默默注视着三岔路口来往的游人。每到热风吹起，它们骤然绽放，点燃夏季。芙蓉二北面还有更大的一片凤凰花树林，让你领略那郁勃的青绿，喷薄的火红，殷切的情意。

凤凰木因"叶如飞凰之羽，花若丹凤之冠"而得名。花开时，一树赤红配合羽状复叶，恰似热烈奔放的火凤。据说，当年校主陈嘉庚崇尚中华传统文化"五行"之说，凤凰花开成五瓣，与"一主四从"的嘉庚建筑相得益彰。那富丽堂皇的"中国红"象征着喜庆，也寓意着龙凤呈祥。于是，陈嘉庚毫不犹豫地从南洋引进树种播撒在校园，方有如今繁花满枝的景象。

关于凤凰花，有一个美丽的故事。传说观音菩萨的瑶池里开满莲花，一株株沐浴惠泽，清纯美丽。有一天，莲塘中忽然开出一株千年难遇的并蒂莲，其卓尔不群的姿态甚得观音青睐。但这对吸纳天地精华的灵物竟相恋了，它们完全沉醉在爱情的欢愉里，忘记了佛门戒律。当消息传到观音耳中，观音勃然大怒，发话欲灭除其中一株。谁知并蒂莲誓死捍卫坚贞不渝的爱情，它们倔强地说："不，我们同生共死！"观音又决定强行拆开它们，将一个发配到天涯，另一个留守在海角，永世不得相见。并蒂莲对此依然不屈不挠，它们异口同声地回答："不，我们永不分离！"观音火冒三丈，"那你们一同去火海里走一遭吧，谁先忍不住煎熬谁就先出来！"顿时烈焰升腾，蔓延成一片火海。然而，这株小小的并蒂莲谁也不肯屈服。眼看根着了，叶化了，花也焦了。突然一声惊天霹雳，烈火中两道霞光腾空而起。原来，并蒂莲在火焰中化成两只火鸟。它们高唱："我们是烈火中诞生的神鸟，人们称我们为'凤'和'凰'，我们来自美丽的仙岛。"它们时而翩翩起舞，时而梳理羽毛。它们的羽毛掉落在地上，扎根发芽，开出娇艳的花朵——凤凰花。

　　在厦门还流传一则爱情童话。据说凤凰和凤凰花前世是一对恋人。两人约定来生再见时，凤凰化身为鸟，凤凰花化身为一棵树。经过三千年轮回，两人终于如愿相见。望着朝思暮想的凤凰，凤凰花缄默了。她没有告诉他这千年约定的代价：她需耗尽所有元气才能换来今生短暂的相聚。凤凰目睹着凤凰花转瞬凋零，痛不欲生。他历经千辛万苦找到花神，乞求把自己的精魂留给对方。花神满足了他的心愿。但是，重

▲ 思源谷小景

生的凤凰花却再也没有见到凤凰。失去精魂的凤凰已沦为一只凡鸟，为着下一个轮回相见，他独自到世间最艰险的地方修行。于是人们相信，只有凤凰来时，积攒千年相思的凤凰花才会开放。那时，她穿着红色嫁衣端坐枝头，等待凤凰的双翼包裹她……

　　千年等待，只是为了与你再次相逢。凤凰花也因为这个悲情传说，蕴含着离别之意，寄托着无尽的思念。难怪有人说，凤凰花开是厦大最美的时刻，也是人间聚散的季节。其一年花开两度，六月花开，送别老生；九月花放，迎接新生。那熊熊的火焰，宛如怅然以惜别，又似欣然于相聚。"凤凰花开"因此成为厦大毕业季的代名词。近百年来，厦大学

子换了一茬又一茬，惟有凤凰花在夏秋的梢头，如期绽放，目睹无数的聚散悲欢。

无论离别，还是相聚，无论身处何方，无数的青春岁月已化为凤凰花的花期，一年双度，花开花谢。在天南地北，在记忆深处，悄然绽放，永不凋败。凤凰花缔结着与厦大人的缘分，也记录了匆匆路过的青春、爱情与友谊，更凝结着几代人刻骨铭心的回忆！

在芙蓉二与勤业楼之间，有一个凤凰花开的路口，沿着大路前行，如果山风拂去你身上的倦意，水光润湿你的眼睛，情人谷就到了。那里曾经是一个水库，五老山岭的涓涓细流，经过蜿蜒的山涧，汇入情人谷清澈的水潭，积成半天然半人工的库区。据传水库建于1921年，初建时库容有3万多立方米，后来经过历次扩建，库容现在达到16万余立方米，水面有2万多平米。

在20世纪80年代之前，这里属于厦大的蛮荒之地，乱坟成堆，乔灌遍地，荆棘丛生，鲜为人知。改革开放以后，厦大学生逐渐增多，校舍建设也进入新一轮的旺季。情人谷周边的凌云楼、勤业楼相继落成，成为研究生或单身教工的宿舍。1986年凌云楼新盖成不久，当年美术系新生即入住凌云楼一层。楼边有一段小石桥，有一位同学用红颜料在桥畔石块上书"情人谷"三字。或许从那

▲ 从前通往情人谷的小路

时开始，就有情人谷的名称。"养在深闺人未识"的情人谷逐渐露出其俏丽容颜，有时还裹着一层神秘面纱。由于地形隐蔽，杳无人烟，一些恋爱中的青年男女，往往披荆斩棘，到此幽会。走的人多了，名声也渐渐大起来。在厦大谈恋爱，据说有一段经典的话："初恋时在芙蓉湖，热恋时到上弦场，白热化去情人谷"。

进入情人谷，一半是石路，一半是木栈。环水而行，你会邂逅拦路的怪树，看到枝桠俯身入水的倒影。还有一段小码头，停泊着独木舟，那是厦大龙舟队的家什。一片椰林遮天蔽日，贮满夏日的清荫。在湖心亭伫立，你会发现眼前的水域纵深了，清风正从水面拂来，掠过你的肩头，直奔木桥而去。桥下流水潺潺，循着水声前行，一条曲径掩映在密林之中。木桥的一端则是整齐的石路和台阶，通往山上高尔夫球场。21世纪头十年，厦大开设高尔夫球课程，在这里设了球场。拾级而上，听一声声击球的脆响，在山谷中回荡。

当你返身归来，一盏盏的灯在夜幕中亮起，天色也在慢慢地暗去。情人谷的气温骤然下降，水气也愈益冷冽。这时凌云楼的灯光撞进你的胸怀，也扑来满腔的温馨。

情人谷的夜是清冷的，尤其明月当空，山林间浸泡在月光夜色水气之中，恍若梦境，这时少却红尘的暖意，也无尘嚣的蒙蔽。情人的心如火如荼，或许可以温暖夜氛，把爱筑在幽深的梦里，放在纯净的心之深谷。对于最初"筚路蓝缕，以启山林"的情人们来说，这里还有什么称谓比"情人谷"更合适？

除了把夜留给情人们之外，情人谷最宜看的或是春秋两季，晨昏二时。但是厦门属亚热带节候，终年四季不分明，情人谷便有一年看不够的风景，季节的变化隐含在鸟声的静默、树木色彩的深浅、气温的冷暖等细节之中。三春之日，晨曦尚未揭开夜的轻纱，鸟儿已奏响第一章晨曲，湖面上遍布着天光的羽翼，风中散射着花草的香阵。当初阳放射出万缕金光，晨练者的足音已敲响情人谷四壁。如果说春天的情人谷最为妩媚，夏日黄昏的情人谷则明艳动人。沿着木栈道缓步流连，水面上漂浮着睡莲和水草，鱼儿泼剌的响声在湖心荡开一泓涟漪。在暮色深处，远山渐渐敛去青苍，转入深沉。枝杈间传来鸟儿零落的碎语，惟有美人蕉在水边伫立，仿佛要为情人燃尽最后的热情。秋冬之时，情人谷依然清丽明媚，只不过多了一点矜持和沉敛。情人谷的日光从来温柔，在深冬的傍晚，则似薄情郎。月亮升起了，炯炯如含泪的明眸。

厦大校内最美的自然景观，当属情人谷。这里既保存比较原始的自然形貌，又有人工恰到好处的修饰。如果说最初的情人谷像泼辣野性的俏姑娘，现在的她则是经过诗书熏陶的淑女，气质变了，天生丽质依然还在。

情人谷之美主要在于其自然环境，却也有一些人文遗址，记录着这个山谷的历史。山路边有一块风动石，上面一幅石刻乃雍正年间的"高明宫绿地记"。石刻字体虽已模糊，但细看还是能看出端倪。事情发生于雍正三年（1725年）三月。当时这里是一位名叫林

| ① 思源谷曲径通幽 | ② 思源谷 | ③ 思源谷一角 |

业年家的地。林业年欲"卖地葬坟",乡邻们认为坟地在此"冲伤本社",于是大家"花银九两,买为绿地","每年佃种,租银四钱五分,收为本社,济整公用,恐年久被人占,故勒石以表不朽也"。与几千年的中原文化相比,这些碑文年代不算久远,但可见厦门五老山下民情淳厚,乡邻和睦,有事大家共同协商解决的风尚。

在湖边一块大石上,刻着一份乾隆四十一年七月间颁布的布告,说明一桩公案中官府的判决,这是1776年的事。从碑文中看,厦大水库在清朝乾隆年间的地名叫东边社,土名叫岑内口,是很多厦门人的丧葬之地。二百多年后,示禁碑中提到的各色人等均已灰飞烟灭,只有这块"示禁碑"还站在这里,默默述说着往事。

在厦大90周年校庆之际,厦大外贸系79级全体同学捐资1000万元,专门用作厦大水库及周边山林环境的修葺和美化,于是校方就把库区周围山谷命名为"思源谷"。这个名号显然不如"情人谷"广为人知,但它似乎在提醒你,无论何时何地,饮水思源在在不能忘记。

厦门为海岛,淡水资源比较稀缺。在厦大水库建成后的六十余年间,一直是厦大师生的饮用水源,厦大建有自己专门的自来水厂以处理和供应干净的自来水。20世纪80年代,厦门城市自来水供应能力提高,所以厦门大学也用上从九龙江口抽取的厦门城区自来水,这座水库就作为厦大的备用水源。厦大后勤集团的矿泉水公司就是原来的厦大自来水厂,现在该厂的主要任务是对厦大水库里的水进行处理,制成桶装洁净水供应校内师生。

情人谷的湖光山色,云霞夕霏,林木溪流,鸟语花香,皆得自大自然的恩赐。从五老峰流出来的山泉,哺育了一代代厦大人。上苍的慷慨馈赠,母校的苦心经营以及学子的思恩图报,造就了情人谷别样的自然风物和人文景观。从这个意义上说,情人谷又何曾不是"思源谷"?

从凤凰花开的路口到情人谷,触摸到厦大独有的殷情和学子的感恩之心,愿它们能留给你火热的记忆,温暖你的人生。

注　释

[1] 节选自台湾歌手林志炫《凤凰花开的路口》,楼南蔚作词,陈熙作曲,林志炫演唱,被誉为21世纪新千年毕业歌中的代表。厦大85周年校庆"同一首歌"专场晚会上,林志炫与厦大学子同台演唱。自此,每年厦大毕业季,歌声都会伴随着凤凰花开,响彻校园。

后记

由于要写这本书，近一年都在留意与厦大有关的文字。没想到对厦大的怀念、回忆、感恩等所有情愫在网络文章、书籍、图片、视频中泛滥，厦大的每一位先贤，每一段时光，每一处风景，每一桩旧事，每一个启示，以个人或集体的记忆方式，深藏在所有厦大人心里，往事并不如烟。

我和胡萍都是厦大人，只不过我到厦大的时间是1978年初，至今已近四十年，其中四年身为七七级中文系学生，1982年初毕业后留在本系任教至今。胡萍则比我晚三十年来厦大，她是2008级厦大中文系本科生，四年学成后保送本系读研究生，在厦大前后七年。我们属于两代人，有各自在厦大的经历和记忆。

无论在厦大停留时间或长或短，厦大已构成我们人生的一个部分。我们行走在厦大的光阴里，历史仿佛离我们很远，现实却如此贴近，以至感受不到它的骤变，惟有一段段影像，不时会闯进你的意识：一片平屋拆毁了，一座高楼起来了，一片树林消失了，一条道路拓宽了……我们都在岁月之环中，承受无常的驱动，眼见着旧校长走了，新校长来了，原来教过我们的老师走了，新的同事来了。每一年甚至每一天，总有相逢与离别。一切像潮水一般，涨落起伏，并终将流逝。校园中的一切，都在随着时间而变动，生命也在无声消减之中，惟有记忆在连续，在延伸。

当我开始陆续翻阅厦大校史，厦大以多维角度展露其沧桑面目，我的内心经历了从平静淡漠到波涛起伏，五味杂陈，百感交集。我们短暂的人生，不过是历史的一个碎片，或一个瞬间。然而，当我们隔着一段距离看去，许多寻常的日子在闪光，许多琐屑的人生故事竟然蕴含着生命真谛，许多远逝的先贤并没有死去，他们的灵魂伟岸得让你必须仰视！当然，也有不堪回首的往日，历史的丑陋与美好一样留在大学记忆深处。厦大盛衰折射着时代盛衰，厦大历史也是中国教育史的缩影。

追寻厦大历史足迹，不能不为嘉庚先生亟欲教育兴邦的拳拳之心所感动！在他看来，"教育为立国之本，兴学乃国民天职"。正是怀着"保我国粹，扬我精神，以我四万万民族，抑或有重光之一日"的远大抱负，他硬是在厦门东南角的乱石荒滩上，种下一棵树苗，让后人得有浓荫蔽天的书香世界。

如果说陈嘉庚先生是毁家兴学，萨本栋校长则是舍命办学。当我的目光一次次触及记载长汀岁月的每一段文字，一次次泪洒书卷，一次次扼腕长叹！在字里行间，我分明看到一个血肉之躯，生生焊接着因为战争而断裂的校史，他的身体不得不衰弱得弯下去，他的精神却倔犟地张开旗帜。他有超出常人的高智商，更有非常的使命感和责任心，他可以尊贵如上流社会最体面的绅士，也可以成为科学领域最顶尖的学者，他却甘愿俯身低眉，在荒僻的山城掘土造屋，啃着粗糙的菜蔬，在遍地焦土培育芬芳的桃李。他可以研究世界上最尖端的科学问题，他也能关注到生活中最微小的细节，体恤人性中最无奈的诉求。他完全可以远离战争，当一个享誉全球的科学家，他却把自己的生命奉献给一个新生的学府。他知道科学家只是他个人的荣誉，一个大学将会培养无数科学家，造就一个国家和民族甚至世界的未来，他舍弃一生所能有的荣华显贵，在国家民族最危急时刻，努力实现民族复兴的远大梦想。即使在民国知识分子中，像他这样富有正义感、责任感，这样奋不顾身、勇于担当的人，也是罕见。厦大何幸，在最危难之时，遇到了他！国家何幸，多灾多难的时代，尚有仁人志士不被战争所恐吓，不为权势所屈服，不为金钱所蛊惑，他们是"国家的栋梁"，更是"民族的脊梁"！

厦大从其诞生到发展，凝聚着诸多先辈的心血，从陈嘉庚、陈敬贤到李光前；从林文庆到萨本栋、王亚南；从鲁迅、林语堂到林惠祥……他们在不同的历史阶段，从不同的层面，对厦大做出巨大贡献，产生深远影响。故人已经远去，他们强悍的精神，执着的信念，近百年来一直激励着后生。他们为厦大所付出的一切，是上天赐予厦大的渥恩。虽然他们的个性、经历、作为不尽相同，但他们都有独立的人格、自由的思想，自觉地肩负着神圣使命：教育救国，科技救国，文化兴邦，并以他们所为践行其理想信念，即使政局动荡，经济萧条，国难方殷，都无改其志，不易其行。

检索厦大校史资料，我看到1935年5月23日登载于《申报》的《教（育）部令厦门大学注意改进》，这是当时教育部门派人来视察厦大，对学校现阶段工作得失做出的一份考核报告。报告首先对厦大教学现状予以肯定；其次指出存在问题：一是"经费入不敷出，而用途分配也欠合理"；二是"既定课程，实施常多变更，于学业进度不无影响"；三是"训育设施欠缺积极计划，宿舍秩序未见整洁，学生请假旷课等事也无统制办理机关"。然后依次责令改正[1]。这份训令寥寥数百字，句句落在实处，其考察之详细，审核之认真，全无大话、假话、套话。

或许正因为教育精神尚未消亡，战争威胁，经费短缺，物质匮乏，生存艰难，都没有把中国教育打垮，迁移边地的许多高校，反而在战火烽烟中得到淬炼，厦大亦是如此。

近四十多年间，厦大从校园规模到学科设置，无不在迅速发展。校舍越来越气派，生额越来越众多，学科越来越大规模，校园越来越嘈杂。如今从厦门到厦大早已不需坐小舢板了，即使到漳州嘉庚学院上课，也是乘豪华客轮。厦大已不是仅有"一排洋房"的厦大，师生员工的住宿条件大为改善，学生的食宿条件就更好了，不用与鲁迅时代相比，就上世纪七八十年代，都不能望其项背。学生宿舍实现住宿功能分区，通讯、网络入户，配用组合式家具及智能化用电管理等。宿舍区的洗浴、洗衣等公共服务设施配套完备，每间宿舍都安装空调。教室中免费提供饮用水。食堂中的饭菜款式更是琳琅满目，并在全国高校首创学生免费吃饭。校本部共有学生餐厅多个，每个餐厅每餐均有五十余种菜肴可供选择。教工还补贴午餐，有自己专门的"俱乐部"为其饭堂，自助餐一人30元。鲁迅先生若生活于现在，不需为吃饭问题所困扰了。比起当初，校园卫生早已改善，蚊虫蚂蚁之辈虽然还在遗传，但已不似鲁迅在校时那么肆虐。若在今天，对于爱吃"点心"的鲁迅来说，不需担心甜食被蚂蚁爬满，以致从四层楼上，"常将一包点心和蚂蚁一同抛到草地里"[2]。鲁迅抱怨的"要小便则须旅行"问题也早已解决，现在校园内到处都有美观、干净的厕所，并免费配备筒纸，供人方便。

但是，在学习生活条件愈加优越的今日校园，似乎缺少什么？大学教育如何给人以精神自由与升华，如何改变学人的气质和修养？今天依然值得深思。

前些日子我在鼓浪屿小住数日，原想去造访笔山路5号"梦琴别墅"，但因机缘不巧，终未如愿。我的住处隔壁就是毓德女校旧址。在仲夏旺盛的林木间，红色砖墙的影子隐约可见。那里现在空无一人，弧形的门窗就像大睁的眼睛，凝视着四周。隔着斑驳树影，我一再向那里探望，想象着近八十年前厦大学子寄居此处的情形，想象着萨校长忙碌奔走的身影，想象着昔日学子奋发的意气，想象着炮火中琅琅的书声……可叹予生也晚，隔着那段时空千重万重，可叹自己何以不能置身其中，当萨先生的学生。

书稿渐入尾声，方知心痛原来那么深重，思念已经发生。

王 玫
2015年8月下旬改毕于厦门大学凌峰山居

注 释

[1] 见《厦大校史资料》第一辑，P91。
[2]《两地书》，九月二十八日，P133。

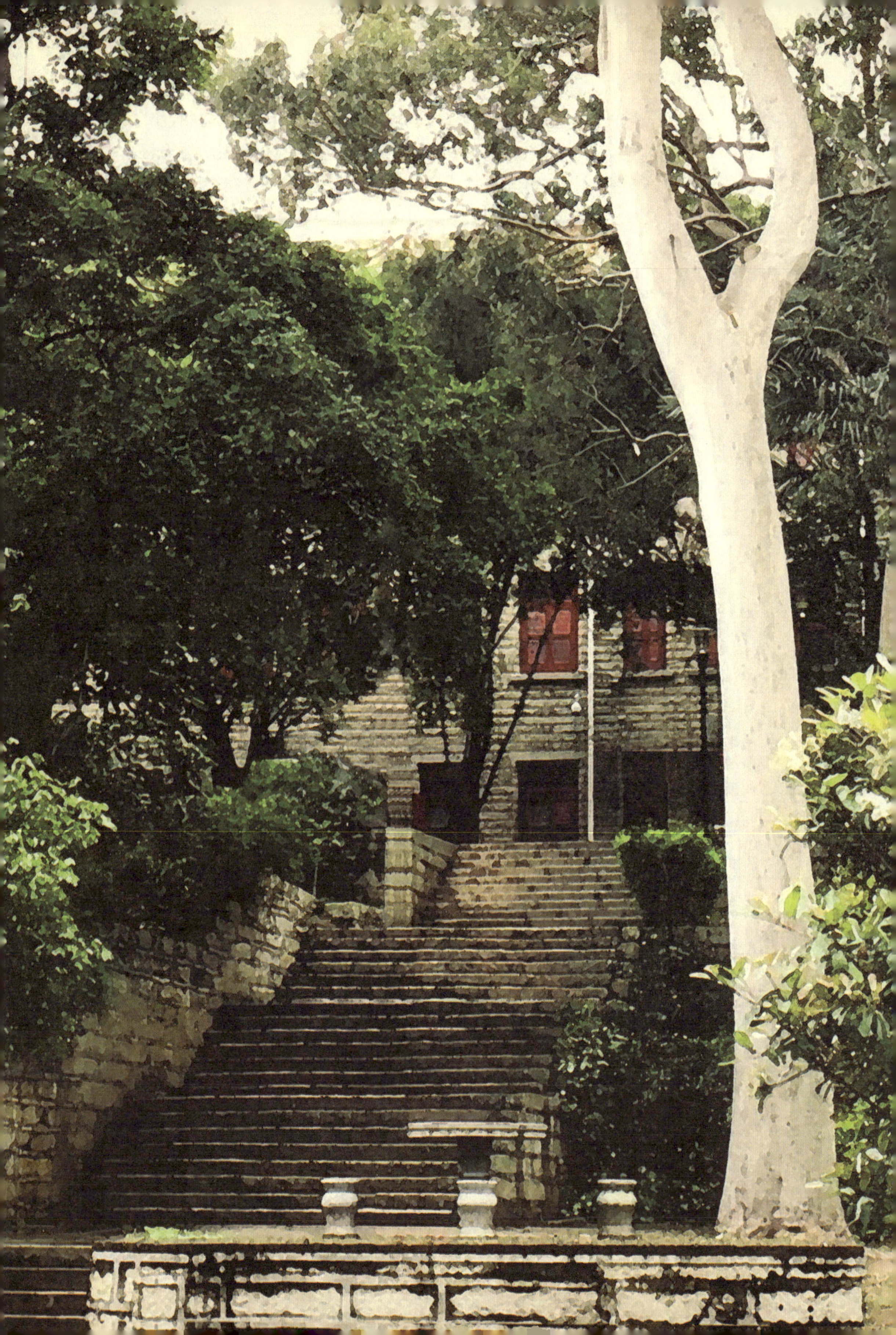

参考书目：

1. 厦大校史资料（1921—1937）第一辑，黄宗实、郑文贞选编（内部资料），厦门大学出版，1987年12月。

2. 厦大校史资料（1937—1949）第二辑，黄宗实、郑文贞选编，厦门大学校史编委会，厦门大学出版社，1988年7月第1版。

3. 厦大校史资料（1949—1966）第三辑，林祖谋、沈敬蘩、刘珍馨选编，厦门大学校史编委会，厦门大学出版社，1989年1月第1版。

4. 厦大校史资料（1921—1990）第八辑（厦大建筑概述），陈天明编著，厦门大学校史编委会，厦门大学出版社，1991年1月第1版。

5. 厦大校史资料（1988—1991）第九辑，孔熊焰、翁勇青选编，厦门大学出版社，1996年11月第1版。

6. 厦门大学校史第一卷（1921—1949），洪永宏编著，厦门大学校史编委会，厦门大学出版社，1990年10月第1版。

7. 厦门大学校史第二卷（1949—1991），厦门大学档案馆、厦门大学校史研究室编，厦门大学出版社，2006年3月第1版。

8. 南侨回忆录，陈嘉庚著，岳麓书社，1998年8月。

9. 萨本栋文集，许乔蓁、林鸿禧编，厦门大学出版社，1995年9月。

10. 鲁迅全集 第十一卷、第七卷、第四卷，人民文学出版社，1981年。

11. 朝花夕拾，鲁迅著，人民文学出版社，1979年。

12. 坟，鲁迅著，人民文学出版社，1980年。

13. 林语堂文选（上、下），张明高、范桥编，中国广播电视出版社，1990年8月。

14. 凤凰树下——我的厦大学生时代，陈福郎主编，厦门大学出版社，2006年3月。

15. 魅力厦大，（美）潘维廉、费菲著，厦门大学出版社，2007年8月。

16. 随风摇曳校园间，陈支平著，海洋出版社，2009年10月。

17. 厦大往事，朱水涌著，厦门大学出版社，2011年3月。

18. 一生真伪有谁知：大学校长林文庆，严春宝著，福建教育出版社，2010年4月。

19. 芙蓉湖畔忆"三林"：林文庆、林语堂、林惠祥的厦大岁月，林坚著，厦门大学出版社，2011年。